DUI SHANZHI DE ZHUIQIU

JIAOSHI GONGTONGTI ZHILI DE

XITONG FENXI

王天晓　著

对善治的追求

教师共同体治理的系统分析

教育科学出版社

·北京·

目　录

前　言

　　以教师专业化为主导的教师教育改革已经成为一种大趋势。我国教师教育改革如同西方发达国家一样，在教师教育的组织形式方面，将关注的重心从"个人化的努力"转向温馨的圈子——"学习者的共同体"。

　　近几年来，在我国基础教育深入发展的情况下，相当数量的各种各样的教师共同体应运而生，以不同的方式推动着教师专业发展。目前，全国许多地方的中小学在建设教师共同体方面已进行了很多积极的尝试，并积累了许多生动新鲜的多样化的经验，但同时也存在着很多问题。基础教育和教师教育改革深刻地触动并改变着传统的思维方式和行为方式。这种改变的突出体现就是我国中小学教师由过去工具化的个体劳动走向自主发展与合作发展，由专业技术熟练的适应型教师转向反思型实践者、教学研合一的专业工作者、教学团队的合作者。于是，近几年来，相当数量的各种各样的教师共同体应运而生，它们以不同的方式推动着教师的专业发展，尝试着把现实教育中教师之间的矛盾与冲突转化为不同主体之间的平等交往与对话，使教师之间形成相互平等、互相理解、互相尊重的关系，让教师形成自我与他人可以同时得到提升与改变的新的思维方式和行为方式。教师共同体包括大学和中小学合作的、旨在促进教师专业发展的学习共同体、区域教师发展共同体、校际教师发展共同体、城乡教师发展共同体、移动性教师发展共同体和学校内部的教师共同体。本研究讨论的教师共同体是学校内部生成的、旨在促进教师专业发展的自治组织，是一种由学校推动的或教师自发形成的以本校为基地的新的在职教师专业发展组织。这种形式将具有相同愿望的教师之间的亲切融洽的主体间性充分地体现出来，使教师认识到在人的发展过程中社会属性和专业属性具有同等重要的作用。这种教师共同体形式强调人与人之间的合作、对话，倡导共生、共享、共发展的精神。

"教育发展，教师为本"的提出标志着我国基础教育发展进入了一个新的境界。促进教师专业发展，提高师资质量，是相当长一段时间里我国教育发展的战略选择。而教师共同体的建设有赖于教师专业素质的提升，同时也需要在管理方式上进行变革。目前我国教师共同体的发展主要存在以下问题。

1. 教师共同体成员的自主性不足

在基础教育课程改革深入开展的前提下，统一的、专门化的集中培训已不适应课程改革的需求，其效果的局限性突出显露出来，主要表现为教师专业发展的自主性不足，缺乏交流合作。中小学教师的很多合作是在课程改革理念驱动下由行政部门主导的被动行为，如合作备课、合作研讨、合作搞研究等。由于教师缺乏主动性，所以这种合作常常是形式上的，而实际上仍然是相互割裂的、传统的独立教学。这非但不能提升教师专业发展的积极性，反倒使这种积极性在形式主义的合作中窒息。教育改革实践要求必须克服这个弊端，在激发教师自主发展意识的情况下，促进教师之间积极、主动的合作，通过合作实现教师专业的自主发展和整体教师队伍的提升，保证基础教育的健康发展。从另一角度看，基础教育课程改革的推进，特别是第二期课改及其新教材给教师带来的新问题和新压力，在某种程度上迫使教师走到一起，共同面对和解决教学过程中面临的共性问题。在共同解决问题的过程中，教师之间交流合作的机会增加，能够在信息、知识、经验等方面有更多的分享。因此，从某种意义上讲，我国教师共同体的建设也是学校领导和教师面对挑战的一种选择。

正是在这种情况下，一些地方中小学校在教师专业发展的语境下将原有的教师队伍整体地转变为学习与发展的实践团队，转变为突出专业化的教师共同体。尽管教师共同体有些时候不被标明，成为一种隐喻，但其蕴藏着教师专业发展的丰富内涵。教师总是具体的存在，哪一学科的教师，或是哪一年级、哪一班级的教师。自然地，学校组织框架内的备课组、教研组、学年组等就成为这一层级的教师共同体。这些组织从执行型组织转变为执行创新型组织，被赋予了促进教师专业发展的职能。同时，学校内部还出现了非正式制度安排的教师共同体，如青年教师共同体、课题组、研究沙龙、工作坊、研究会、博客群等。

我国在 20 世纪 90 年代后期逐步出现了教师共同体，它们使教师发展的自主性、创造性得到了发挥，给中小学教师专业发展和办学水平的提高注入了新的活力。教师共同体建设的初衷就是让教师找到成长的力量。目前，我国中小学在建设教师共同体方面进行了很多积极的尝试，并形成了许多生动可行的做法。如有些学校的教师冲破教研组和年级组的界限，成立学习与发展共同体；有些学校成立不同主题的研究小组、某一学科教师自愿组成的工作坊、教师实践共同体等；还有的学校通过课题的方式结成学习共同体等。在尝试建立教师共同体的过程中，一些学校积累了大量可贵的经验。

2. 教师共同体的管理方式、管理理念有待转变

在新课程改革的背景下，如何对学校内部的教师共同体实施有效管理，促进教师的自主发展，就成为学校管理的重要问题。教师共同体的出现，是改革开放以来在基础教育领域发生的重要变革，其意义正在不断地被释放出来。这种新式的组织形式对学校传统的管理观念与行为实践提出了新的挑战，并呼唤着新的管理理念、管理方式的出现。对于教师专业发展语境下出现的教师共同体，如何管理尚无专门的理论或教材可以参照，许多学校并不知道应该如何应对，不知道怎样的管理才能促使其健康发展。一些校长茫然不知所措，一些校长则以惯常的科层管理手段对待教师共同体，以至于影响了教师共同体的发展，影响了教师自主发展的首创精神和积极情感。对教师共同体的研究和管理已经成为一个迫切需要解决的理论问题和实际操作问题。

如何对教师共同体实施有效管理，实际上是管理方式和管理理念转变的问题。教师共同体作为一个由教师自愿组成的、旨在促进教师专业自主发展的组织，它具有不同于传统行政组织的特点，如果按照常见的科层管理、下级服从上级、刚性制度对其实施"硬"管理，不但不能激发教师自主发展的积极性，不能很好地促进教师专业发展，而且也不可能有效地推动教师共同体的建设。作为学校教师团队，教师共同体应当洋溢着教师的主体意识，体现着教师为培养学生成才而勇于献身的精神和态度。这样的教师和教师共同

体尤其应当受到学校领导的尊重和信任。因此，如何改变传统的教育行政管理方式，本身就已经成为问题，需要在对教师共同体的管理中得到解决。

而传统的教育行政管理背后，是主客二分的思维方式。长期以来，学校管理采取的是领导与被领导的方式，领导把自己看成是学校的主宰，把教师看成是必须服从自己的下级，是培养学生的工具，是推动学校事业发展的工具。学校管理的主要职能通常是"管"，用制度和规章"管住"教师，用评价的"刚性指标"限制住教师。在这种情况下，教师和教师团队哪里有真正自主发展的空间，教师共同体哪里还有存在与发展的空间？传统的"主—客"管理关系在学校改革深入开展的今天已经成为不能回避的问题了。

教师共同体的出现搅动了学校已经习惯的传统管理方式、管理理念和思维方式，在某种意义上也推动了我们对学校管理方式的思考。本研究正是基于与教师共同体管理相关联的上述问题进行探讨的，试图通过对治理理论的研究及对我国目前教师共同体现状的调查，以及对治理视野下教师共同体建设存在的问题的发现，提出教师共同体治理的分析框架，并最终构建教师共同体的善治模型。

本研究中教师共同体治理的分析框架由五个维度组成，分别是网络关系、有限自治、非正式制度、理解和尊重、多元参与，它们代表了教师共同体治理的思维模式、行动哲学、决策关怀、价值取向和有效边界。本书从教师共同体管理中存在的问题和教师共同体治理的分析框架中剥离出教师共同体治理的十一个要素，分别是认识合作、尊重、愿景、合法性、参与、反馈和矫正、少干预、授权、协商和保障，并将之划分为三个维度，分别是文化维度、技术维度和制度维度，教师共同体的善治系统就由这三个维度和十一个要素组成。本研究根据教师共同体善治的系统构建出教师共同体的善治模型，模型由三大模块组成，它们分别是文化模块、技术模块和制度模块。文化模块强调的是愿景、认识、尊重与合作；技术模块强调的是通过何种路径能够促使教师和学校领导愿景的实现，也就是达到教师共同体的善治；制度模块强调的是学校在针对教师共同体制定相应制度时所应注意的问题，特别是学校领导和教师共同体中的教师们之间的互动、协商与合作。教师共同体治理制度模块中的反馈模型借鉴了组织学习中双环学习的架构，意在使学校领导不仅仅对行动进行反思，还要对为什么会产生这种结果、产生这种结果的原因是什么以及对导致这一原因的更深层次的前提假设进行反思，对于出现的问题，不仅要治标，还要治本，以形成可持续的善治。

接下来对中小学教师共同体建设三个现实案例的分析，初步证明了教师共同体善治模型的解释力、检测力和行动力。

最后，本研究转向实现教师共同体善治的现实途径，着重从校长的视角指出校长对教师共同体进行治理的前提条件——转变观念，理解和掌握教师专业化观念、治理观念、战略型领导观念和教学改进观念。

第一章

绪　论

　　20 世纪 80 年代中期以来，从西方发达国家开始，教师教育的责任从大学扩展至教育行政部门和中小学校，在这一历史性的变革中，教师教育改革的关注点从"个人化的努力"（individual effort）转向有大学参与的、被称为温馨圈子的"学习者的共同体"（communities of learners）。① 我国改革开放三十多年来，随着素质教育的稳步推进，基础教育对教师质量的要求越来越高，我国教师教育改革的重心如同国际社会一样，逐步从"个人化的努力"转向大学、地方教育部门、中小学合作的"学习者的共同体"。近几年来，我国许多地方的中小学校出现了各种不同类型、带有不同称谓的教师共同体，这种教师共同体的出现促进了教师之间知识和经验的交流与分享，提升了教师自主发展的积极性，推动了教学研合一的教师专业工作方式的形成，为学校的进一步发展创造了可能，也对我国教师教育改革产生了积极影响。但是针对这种新的教师专业发展的形式，在学校管理上却是一片空白，没有任何现成的理论与经验可以借鉴。因此，学校如何对教师共同体进行有效管理，使其获得健康稳定的发展，就成为了学校管理的一个起点，这也是此次研究

---

　　① Thomas, et al. In the Company of Colleagues: An Interim Report of the Development of a Community Teacher Learners [J]. Teaching and Teacher Education, 1998（1）: 16 – 21.

的目的。本研究在对如何建设和管理教师共同体的调查过程中，发现了一系列深层次的问题，本研究以这些深层次的问题为核心，试图解决这些问题，建构教师共同体的善治模型，从理论与实践两个方面推动教师共同体的建设。

第一节　教师共同体研究的意义

教师共同体作为一种新型的教师专业发展的组织形式，能够有效地激发教师的主体意识和创造热情，推动教师的自主发展。

一、教师共同体研究的理论意义

教师共同体这种新型的教师专业发展形式出现后，受到了全国各地中小学的重视，很多学校都在将服从科层制的命令与安排的教师队伍向自主发展、善于合作的教师团队——教师共同体进行转变，并成立了不同形式的教师共同体。可惜的是，一些学校在建设教师共同体的实践中，学校管理者并没有理解教师共同体的真正含义，只是望文生义或追逐时髦，研究教师共同体成为一种理论上的"时尚"。

同时，理论界对于教师共同体的管理鲜有研究，已有的少量研究也多是描述性的，仅作为有关教师共同体自身建设的研究顺便提及，缺乏专门性和系统性。而目前学校在如何建立、发展和管理教师共同体的实践中急需理论的指导。

本研究的理论意义在于：第一，廓清了教师共同体的基本概念和基本特点，为教师共同体的治理提供了科学理解的基础；第二，提出了教师共同体治理的分析框架，该分析框架由教师共同体治理的思维方式、行动哲学、价值取向、决策关切和有效边界组成；第三，建立了由三个层次和十一个要素所构成的教师共同体治理系统，为最终建构教师共同体善治模型提供了框架。教师共同体善治模型的提出为教师共同体的建设和进一步发展提供了管理哲学依据，使教师共同体研究与管理摆脱缺乏系统理论支持的现状，为教师共同体的可持续发展提供了理论支持。

二、教师共同体研究的实践意义

教育是一种实践，观察教育研究的价值还要看其实践意义。本研究聚焦于教师共同体的治理，教师共同体本身就是我国基础教育与教师教育实践相结合的产物，是直接关系到中小学教师队伍建设和基础教育质量的实践问题。

《国家中长期教育改革和发展规划纲要（2010—2020 年）》（以下简称《教育规划纲要》）确立了我国教育改革与发展的核心任务："把提高质量作为教育改革发展的核心任务。树立科学的教育质量观，把促进人的全面发展、适应社会需要作为衡量教育质量的根本标准。树立以提高质量为核心的教育发展观，注重教育内涵发展，鼓励学校办出特色、办出水平，出名师，育英才。建立以提高教育质量为导向的管理制度和工作机制，把教育资源配置和学校工作重点集中到强化教学环节、提高教育质量上来。制定教育质量国家标准，建立教育质量保障体系。加强教师队伍建设，提高教师整体素质。"[①]在核心任务中，《教育规划纲要》把建设高素质教师队伍作为重大的战略安排，提出："建设高素质教师队伍。教育大计，教师为本。有好的教师，才有好的教育。保障教师地位，维护教师权益，提高教师待遇，使教师成为受人尊重的职业。严格教师资质，提升教师素质，努力造就一支师德高尚、业务精湛、结构合理、充满活力的高素质专业化教师队伍。"[②]《教育规划纲要》为解决教师专业发展自主性不足的问题提供了强大的政策支持，同时，也从根本上激发了教师共同体建设者的热情和创造精神。本研究在对共同体理论和教师共同体进行认真阐释的基础上，紧密结合中小学内部教师共同体复杂的实际，提出了教师共同体的善治模型。这一模型对于教师共同体治理的操作问题具有一定的解释力；对于发现教师共同体管理的问题，保证其健康发展，具有一定的检测力；对于教师共同体管理的具体实践具有一定的行动指向力。因此，教师共同体善治模型对于落实《教育规划纲要》提出的教育核心任务，促进中小学内部管理模式的创新，激发教师专业发展的内驱力，

[①②] 国家中长期教育改革和发展规划纲要（2010—2020 年）[EB/OL].（2010 - 07 - 29）[2013 - 09 - 07]. http://www. gov. cn/jrzg/2010 - 07/29/content_ 1667143. htm.

进一步推动教师共同体建设具有一定的实践意义。

本研究揭示出的教师共同体治理要素为学校领导和教师共同体问题研究者勾勒出了一幅教师共同体建设的应然画面。本研究构建的教师共同体善治模型，为中小学的教师共同体建设如何面对实然、达到应然，如何达到善治，切实促进教师队伍建设，推动学校改进，深化我国基础教育改革实践，提供了可供遵循的决策路径和行动指南。

第二节　教师共同体研究的相关概念

为了更好地区别和澄清本研究所要阐述的问题，以下拟对三个概念进行界定：共同体、教师共同体和治理。

一、共同体

共同体（community）是一个社会学的基本概念，它是由德国著名社会学家和哲学家滕尼斯（Ferdinand Tönnies）从社会这一概念中分离出来的。在滕尼斯的视野中，共同体的含义十分广泛，它强调人与人之间所形成的亲密关系和共同的精神意识以及对共同体的归属感、认同感；而且他强调得更多的是一种研究的路径、一种理想模型。这种共同体不仅包括地域共同体，还包括血缘共同体和精神共同体，人与人之间具有共同的文化意识是精神共同体的精髓。滕尼斯强调共同体是建立在自然基础上的历史和思想积淀的联合体，是有关人员共同的本能和习惯，或思想上的共同记忆，是人们对于某种共同关系的心理反应，表现为直接自愿的、和睦共处的、更具有意义的一种平等互助关系。①

鲍曼（Zygmunt Bauman）在滕尼斯定义的基础上指出，共同体一直是一个象征着互助、和谐和信任的褒义词，其本质是传递出一种安全、愉悦和令人神往的满足感，意味着怀念一种传统的稳定生活，或者渴望重新拥有一个

---

① 郭台辉. 共同体：一种想象出来的安全感：鲍曼对共同体主义的批评 [J]. 现代哲学，2007 (5)：105 – 110.

团结和谐的世界。同时，共同体及其成员的身份不是人为设计的自然存在物，成员资格的认同也不需要去刻意寻求，更无法接受来自外界的任何反思、批判或试验。因此，一旦人为地夸大它的温馨和纯洁之美或贬低其存在的价值，就意味着共同体濒临消亡，而且共同体一旦解体，它就不可能再还原。在其著作《共同体》中，他用"坦塔罗斯的痛苦"来隐喻共同体的实践历程。

而我国社会学领域的前辈吴文藻先生直接把这种"共同体"解释为"自然社会"，而把"社会"解释为"人为社会"。

本书把共同体界定为以自愿为基础，以共同的价值追求为背景，社会成员旨在获得一种和睦共处的、更具有意义的平等互助关系而结成的组织形式。

二、教师共同体

从概念的表述来看，国内外研究中出现了众多以"教师"、"共同体"等为主题词的表述及相应研究，如教师专业共同体、教师学习共同体、教师专业学习共同体、教师协作学习共同体、教师研究共同体，等等。但究其实质，这些表述都是建立在学习共同体或学习型学校基础之上的，虽然相关讨论各有侧重，却没有在同一层面上达成表述的规范性。为了统一各种表述且避免在建构共同体意义上的有所侧重，本书使用了"教师共同体"这一概念，或者说用"教师共同体"这一表述来统领这些有不同侧重但指向相同的、以教师为主体的学习共同体，即本书中教师共同体的概念涵盖了以上几个具体的概念。

另外，由于与中小学相关的教师共同体有多种组织形式，如校内教师共同体、校际合作的教师共同体、区域合作的教师共同体、学科研究共同体等，其研究范围较广，本研究仅以学校内部的教师共同体，包括教师发展学校、名师工作坊和校内各种教师的专业发展组织作为主要研究对象，以促进教师共同体的健康发展为基础，以如何使学校对教师共同体的管理达到善治作为研究重点，对学校内部的教师共同体做出相应的理论梳理、实践分析及讨论建议。

本书认为，学校内部的教师共同体是指中小学教师基于育人的共同目标，在学校的推动下，以本校为基础，以合作为形式，旨在通过教学、学习与研究促进教师专业成长的教师团队。教师共同体有三种不同的组织形式：第一种是从整体上讲，教师共同体是在教师专业化语境下学校适应教育改革需要对教师队伍注入新观念后而产生的新称谓，它凸显专业性，又具有全纳性，是指一所学校的全体教师；第二种形式的教师共同体，从学校的基层讲，是对教研组、学年组等学校中级组织进行动态的再造而形成的；第三种形式的教师共同体主要是指名师工作室和一些由教师自愿组合而成的专业发展组织，这类教师共同体称谓多样，有的叫学校教学研究会、专业沙龙、教师工作坊，有的称为教师论坛、教师发展在线、教师博客群，还有的直接称呼为教师发展共同体、教师学习共同体和教师实践共同体等。

总而言之，在学校内部，只要教师们有专业发展的社会行为取向的共同基础，在学校大的、整体的教师团队中，或在基层的备课组、教研组、学年组，或自发成立的课题组、研究会中，作为"参与者主观感受到（感情的或传统的）共同属于一个整体的感觉，这时的社会关系，就应当称为共同体"[①]，即教师共同体。

本研究将第一种形式的教师共同体作为教师共同体 1，将第二种形式的教师共同体作为教师共同体 2，而将第三种形式的教师共同体作为教师共同体 3。本研究的重点为教师共同体 2 和教师共同体 3。

教师共同体以教育教学为基础性实践，通过合作对话与分享性活动，促进教师专业成长。教师共同体长时间地分享共同确定的实践活动和理想信念，追求共同的事业。教师共同体不仅具有共同的文化历史传统，包括共同的目标、协商的原则，而且个体之间形成了相互依赖的系统，个体在系统中获得了身份认可。这种教师共同体突破了校本实践共同体的人际关系或利益关系的束缚，基于研究和改进教学的需求，以合作的形式对教研组、学年组等学校中级组织进行动态的再造，自下而上地自愿组合而成。这种教师共同体建立在合作的基础上，如同涂尔干所说的"有机团结"的团队，它们有共同的愿景、互相理解和分享的思维方式、共同的教育教学研究活动，并拥有共同专业发展的集体记忆与特有的话语体系。

---

① 韦伯. 社会学的基本概念［M］. 胡景北，译. 上海：上海人民出版社，2000：62.

三、治理

治理这一概念源自治理理论。治理理论是当今国际学术界最热门的前沿理论之一。自 1989 年世界银行首次使用"治理危机"（crisis in governance）来概括当时非洲的情形以来，"治理"一词越来越被社会科学界广泛使用，并逐渐发展成为一个内涵丰富、适用范围宽广的理论。

学者对治理的解释一直存在分歧，经济学界、政治学界、管理学界等领域的学者都从自身的学科视角对治理作出了不同的概念界定。

在关于治理的各种定义中，全球治理委员会关于治理的界定是比较具有代表性和权威性的。该委员会在 1995 年发表了一份题为《我们的全球伙伴关系》的研究报告，把"治理"界定为"各种公共的或私人的个人和机构管理其共同事务诸多方式的总和，它是使相互冲突的或不同的利益得以调和并且采取联合行动的持续的过程。它既包括有权迫使人们服从的正式制度和规则，也包括各种人们同意或以为符合其利益的非正式的制度安排。治理的基本特征是治理不是一整套规则，也不是一种活动，而是一个过程。治理过程的基础不是控制，而是协调。治理既涉及公共部门，也包括私人部门。治理不是一种正式的制度，而是持续的互动"①。

治理不同于管理，它关注的是不同群体的利益及其利益协调、权力控制与分配、组织目标的确立、检测与改进。但是，治理与在战略层面上的管理有相通之处。也正因为这样，本研究言及教师共同体治理时，有时也使用管理一词。

本书把治理界定为：具有不同利益的个体或组织，在沟通、协商和达成共识的基础上，就共同关心的问题进行集体选择、调和利益冲突、增进共同福利的一种社会协调机制和社会运行机制。

----

① 俞可平. 治理和善治：一种新的政治分析框架 [J]. 南京社会科学，2001 (9)：40-44.

第三节　国内外教师共同体研究述评

本书以治理理论作为分析框架对中小学教师共同体的发展和管理状况进行分析，梳理目前中小学教师共同体发展中存在的问题，并提出教师共同体的治理模型。为此，本研究需要了解目前有关中小学教师共同体的已有研究，以及关于治理理论的研究。据此，本文的文献综述主要从两个方面展开：第一部分是对目前有关教师共同体的研究进行综述，第二部分是对治理理论进行综述。

一、有关教师共同体的研究

目前，在学校领域内关于共同体的应用研究主要分为两类：一类是对学校内部共同体的研究，另一类是对区域间、校际间以及大学与中小学间建立的共同体的研究。就对学校内部共同体的研究而言，又分为把学校整体作为共同体的研究、对学校中层组织的研究和对教师自愿组织起来的共同体的研究。本研究主要集中于对学校内部教师共同体治理的探讨。

已有研究对于教师共同体的称谓有所不同：教师学习共同体、教师专业发展共同体、实践共同体和研究共同体。不同称谓强调的是共同体的不同方面。教师专业发展共同体强调的是共同体的宗旨和目的；教师实践共同体强调的是教师发展必须以实践为基础；而教师学习共同体、教师研究共同体则强调的是教师专业发展的途径，即通过学习或研究获得发展。

本书把这些不同称谓的共同体统一称作教师共同体。教师共同体是教师基于共同的目标和兴趣自愿组成的、旨在通过合作对话与分享性活动促进教师专业成长的教师团体。目前，有关教师共同体的研究主要包括以下内容。

（一）教师共同体的特点

多数学者认为，教师共同体具有如下特点：（1）自愿性。教师共同体不同于正式组织，它是一种人们自愿参与的群体，它只把氛围与情感作为维系共同体成员的纽带。① （2）资源共享。它是指共同体内部资源的共享，包括信息、知识、实践和设备的共享等。（3）发展性。实践共同体以创造与传承知识为主要路径，以促进成员的专业发展为最终目标。② （4）合作性。共同体成员在共同体内部互相交流，坦诚相对，没有障碍。打破成员之间的孤立和疏离，彼此之间进行密切的交往、互动、对话、协商、合作与分享，构成一个联系紧密的有机体。（5）共享价值观与愿景。它是指共同体内部成员具有共同的价值观和信念，具有共同体成员所持的共同意愿，它创造出了众人是一体的感觉，并全面渗透到组织的活动之中，从而使各种不同的活动融汇起来。共享价值观与愿景对教师共同体是至关重要的，因为它为共同体的发展提供了方向与能量。

在目标发展方面，有些学者还提出教师共同体要具有专业引领性，需要民间的精英来引领教师共同体，"如果缺乏必要的'民间精英'及其'专业引领'，任何教师共同体将逐渐蜕化为没有主题、没有精神追求的乌合之众"③。叶海智、丁楠从复杂性科学的角度提出了教师共同体所应具有的特征：（1）共同体知识具有生成性；（2）共同体学习具有复杂适应性；（3）共同体成员身份具有复杂性。④ 贾保方提出，学习共同体的最大特点就是共同目标、共同参与和共同学习。⑤ 何树彬提出专业学习共同体应具有以下特征：（1）相互支持和共同领导。校长要邀请员工参与决策的制定与实施。（2）共享价值观与愿景。它是指教师的工作必须保障对学生的教育和培养。（3）集体学习与实践，需要学校各类人员共同寻找新知识，满足学生的学习需求。（4）提供支持性的条件，包括给成员提供发展所需的物质条件和精神条件，在共同体中鼓励和维持平等的氛围，开展集体学习。（5）分享实践经验，既包括共同体成员对教师行为的评价，也包括有利于个体与共同体发展

---

① ② 周耀威，吴卫东. 构建基于对话的研究共同体：教师专业成长的可靠路径 [J]. 浙江教育学院学报，2005（3）：31－36.

③ 薛小明，刘庆厚. 教师共同体：教师专业发展的新视角 [J]. 职业教育研究，2008（2）：55－56.

④ 叶海智，丁楠. 复杂性科学视域中的学习共同体 [J]. 现代远程教育研究，2008（3）：32－34.

⑤ 贾保方. 困境与回归：让学校焕发出学习的活力：基于学习共同体理论的启示 [J]. 和田师范专科学校学报：汉字综合版，2008（4）：76－77.

的活动的反馈信息。①

在知识建构方面，钟志贤提出教师学习共同体具有如下特点：（1）计划、组织、监控和修改自身的研究和问题求解活动过程。（2）协同学习，充分利用分布式技能的优势，鼓励学习的多样性、创新性和灵活性。（3）自选学习主题，确定与项目相关的子问题，并在此基础上确定相关资源。（4）运用多样化的、不同的技术建构知识，而不是把技术当作知识的传授工具。（5）使学习者明晰呈现其思维过程，以便修正其思想、假设和论点。（6）集合、管理大量的人力资源，以达成共同目标。（7）倡导基于绩效和学习档案的评价方法，形成性评价与总结性评价并重。② 张湘韵认为，实践共同体的特征之一是意义协商，是个体成员介入到共同体中参与社会事务并成为其中一部分的过程，每一位成员对共同体中的事务都具有责任和义务；特征之二是共同体的学习是动态、多重的过程。③

在文化建设方面，成尚荣提出共同体具有鲜明的文化品格和重要的行动特征：（1）有共同的核心价值追求与支撑。（2）研究内容应具有召唤力与开发力。（3）共同体的研究行动应讲求科学性，同时又充满对青年人心智的无限关怀。④

已有研究基本上概括出了教师共同体的特点，但是对教师共同体的根本内涵缺乏真正的了解，忽视了国际社会中教师的教学实践正在从"个人化的努力"转向"学习者的共同体"的事实。"学习者的共同体"是学校的整体教师队伍，不是指个别的或一些教师的组织，"学习者的共同体"不是在原有学校内另外成立或自发举办一个新的教师团体，而是回应教师专业发展的大趋势，回应时代对高质量教育教学的呼唤，回应社会民主化水平提升对学校的挑战，学校内部的教师组织经过再造进而转变成的教师专业学习与发展的实践团队。正因为如此，以上研究似乎没有抓住教师共同体的根本，不利

---

① 何树彬. 中小学学习共同体之构建：理念与策略 [D]. 上海：华东师范大学教育科学学院，2005.

② 钟志贤. 知识建构、学习共同体与互动概念的理解 [J]. 电化教育研究，2005（11）：20 - 29.

③ 张湘韵. 学习方式：实践共同体 [J]. 贵州大学学报：社会科学版，2008（5）：106 - 109.

④ 成尚荣. 研究共同体：名师成长的文化栖息地：基于一个名师团队的分析 [J]. 人民教育，2008（3 - 4）：59 - 63.

于对教师共同体的深入研究。另外，上述研究似乎还缺少重要的一点，就是教师共同体应该具有一定的自主性。缺少了自主性，教师共同体就容易成为科层制中的一层，而丧失教师共同体应有的主体地位，在学校管理过程中处于被管理的客体地位，与学校管理者无法形成主体间的互动，从而无法获得应有的发展。

（二）教师共同体的构成要素

在对教师共同体的构成要素的论述方面，全守杰在《"学习共同体"研究理论考察与新探》中提到了温格（E. Wenger）的观点，即共同体内部一致性的重要构成包括三个要素：相互的介入、共同的事业和共享的技艺库。

在教育学领域，根据教育教学的特征和学习参与者的特点，学习共同体在继承温格上述三个要素的基础之上，得以发展。根据温格的观点，全守杰提出要成为一个真正的学习共同体，其构成要素至少包括四个。一是以身份建构为发展目标的参与者，包括学生、教师以及其他的学习者。二是促进参与者成长的共同目标，即认同感和心理归属感使得共同体参与者之间形成一种互助的关系，为实现共同目标积极负责地参与到学习活动中。三是互动的交往，以平等的身份分工协作、竞争发展，获得认知、情感和能力的发展。四是学习共同体，以活动为载体，通过参与者之间相互交流、讨论，发现问题，探讨问题，并相互支持和帮助解决问题，使参与者获得学习体验和生活感悟。[①]

（三）教师共同体对教师专业发展的作用

教师共同体作为教师专业发展的一种模式，能够为教师的学习和专业发展提供丰富的资源。采用教师共同体模式的一个目的，就是打破目前在一些教师专业发展中存在的以个体为中心而忽视教师整体专业发展的弊端，从而提高教师的合作意识和协调能力，促进教师之间专业知识和经验的分享，为教师创设一个能够进行对话和交流的平台，促进教师团队的形成，促使教师

---

① 全守杰. "学习共同体"研究理论考察与新探［J］. 湖北经济学院学报：人文社会科学版，2007（10）：34 - 35.

个人实践知识的不断形成和积累，提升教师的实践智慧。教师共同体中教师成员的互相支持、互相帮助，可使教师不断增强对共同体的认同感以及对自身职业发展的认同感，在促使教师自身专业发展的同时，不断促进教师团队的整体发展。

吴文胜提出，教师合作共同体有以下四种功能：（1）将个人知识转化为公共知识；（2）提升教师的实践智慧；（3）提高教师的合作意识和能力；（4）建立促进教师合作发展的学校文化。[①]

王家全提出，教师学习共同体是推动教师前进的引擎，是激发教师反思的土壤，是孵化教师知识的母体。[②] 梁宇学认为教师学习共同体让教师获得职业认同和专业体会，能够强化教师对自身的专业认同，并促进教师的自我教育。[③]

李澂指出，教师实践共同体对于教师专业发展的现实价值在于两个方面：一方面，个人的知识建构和身份形成都处于一定的实践共同体中，教师无时无刻不在实践共同体的情境中，因此，它构成了教师理解知识、理解个人学习的基础；另一方面，实践共同体启示教师，为了追求教师专业知识的发展，应该以学习或者实践为中心培育相互支持的实践共同体，在实践中习得的知识会成为学习者对身份认同的要素，这种要素是巩固的、知行合一的。[④] 胡航提出，教师实践共同体能够：（1）打破教师单个独立发展，以团队发展为契机，促进教师团队组织的成长；（2）推动教师专业能力的提升；（3）丰富和改变教师的生活方式和专业实践方式。[⑤]

薛小明和刘庆厚提出，教师共同体对教师专业发展具有如下作用：（1）为教师的学习和专业发展提供丰富的资源；（2）促使教师个人的实践知

---

① 吴文胜. 共同体：教师合作文化的有效组织 [J]. 杭州师范学院学报，2006（3）：147 - 148.

② 王家全. 学习共同体：教师专业发展的群体支柱 [J]. 内蒙古农业大学学报：社会科学版，2007（6）：225 - 226.

③ 梁宇学. 建设教师学习共同体：有效促进教师专业发展 [J]. 人民教育，2008（3 - 4）：38 - 41.

④ 李澂. 构建"实践共同体" 促进教师专业发展 [J]. 浙江教育学院学报，2008（4）：26 - 30.

⑤ 胡航. 学校情境中实践共同体探讨 [D]. 上海：华东师范大学教育科学学院，2008.

识不断形成和积累；（3）促进教师之间分享专业知识和经验，改善教学实践；（4）创设教师对话交流平台，推动教师反思。[①]

已有研究充分肯定了教师共同体在教师专业发展方面的重要作用，强调了其在促进教师之间知识和经验的分享、为教师提供交流的平台和提升教师整体素质方面的重要作用。

（四）教师共同体的建设理念

经过对众多学者观点的提炼和梳理，本研究将教师共同体的建设理念总结如下。

（1）通过协商达成共识，建立共享的价值观和愿景，引导教师个体生命力与集体生命力的共融。

（2）适当分权，形成民主的领导方式，为建立教师专业共同体提供支持性条件。教师专业共同体要想建立起来，学校领导支持很重要，这就要求学校领导要变单一的行政领导角色为多重角色——领导、同事、共同体成员或者共同体的促进者等。适当分权保证了共同体是一个扁平的组织，在这里面，不存在绝对的领导，不存在绝对的权威，这样才能保证把共同体打造成一个有利于合作、对话的平台。

（3）建立健全共同学习机制，定期交流，促进教师专业共同体内部知识的共享，形成良好的互动环境，创建积极和谐的共同学习氛围。

（4）系统思考，完善教师专业结构体系。

（5）形成民主、平等的参与规则。

（6）促进教师之间的合作，形成协作机制。

（7）营造良好的学校文化氛围。学校要注重发展中的各种潜在因素，包括学校的文化积淀，这些虽然不是短期内形成的，但是只要师生有意地营造这样一种氛围，还是可以达到理想的效果的，即充分发挥隐性课程的作用。

（8）形成能够激励教师的有效机制，激发教师的学习潜能。

（9）对话协商。原生态的学习环境使得学习共同体成为一个开放的系

---

① 薛小明，刘庆厚. 教师共同体：教师专业发展的新视角［J］. 职业教育研究，2008（2）：55－56.

统，它通过"情景"与系统外部进行着对话与协商。

下面是一些学者提出的建设教师共同体应注意的事项。

杨鸿提出，建设教师共同体要注意：（1）激发教师主体性潜能；（2）改善心智模式，培养积极的发展性思维模式。① 王越英认为，建构教师学习共同体要唤醒教师专业意识，开展以校为本的教研活动，并且健全制度，采取考核激励的办法。② 刘可钦以中关村四小建立学习与发展的共同体的尝试为背景，提出建好一个共同体需要滋养一种研究的组织文化，并使教师养成一种追问教育细节的研究意识。③

成尚荣提出了共同体的确定性与自由性之间的矛盾问题，认为解决这个矛盾，共同体应注意采纳我国传统文化中的和谐与和而不同的思想。其一是宽容和包容，让各种不同的见解、模式、风格共存，让青年教师的"不成熟"有栖息之地；其二是提倡冒尖与冒险，但又允许失误、允许僭越，还允许失败，让青年教师的挑战精神与创新精神有栖息之地；其三是提倡互相学习、取长补短，对原有的主张和方式可以坚守，也可以放弃，还可以转变与转化，让青年教师的自我改进、改变有栖息之地。④

徐继军等提出，学校应该为专业学习共同体创设一种支持性的结构，建立一种互为责任的规范与规则。这并不是对专业学习共同体成员进行硬性约束，而是以一种理性化的方式从形式与制度上对共同体要素加以约束与规范，确保共同体运作的有效性。在人员构成上要注意差异性，有差异才能有碰撞，才能互通有无，相互促进。⑤

陈秋兰提出了在把学校打造成学习共同体的过程中校长所应做到的事情：（1）校长要成为团队的首席学习官；（2）校长要成为共同愿景的开发者；

---

① 杨鸿. 基于教师共同体与校本场域的专业发展策略 [J]. 内蒙古师范大学学报：教育科学版, 2006 (2)：105 - 107.

② 王越英. 打造学习共同体 促进教师专业发展 [J]. 上海教育科研, 2004 (3)：41 - 42.

③ 刘可钦. 促进发展：创建一个学习与发展的共同体 [J]. 中国教育学刊, 2008 (5)：45 - 48.

④ 成尚荣. 研究共同体：名师成长的文化栖息地：基于一个名师团队的分析 [J]. 人民教育, 2008 (3 - 4)：59 - 63.

⑤ 徐继军, 等. 校本培训中专业学习共同体的构建 [J]. 岱宗学刊, 2008 (2)：68 - 69.

（3）校长要成为管理创新的设计者；（4）校长要成为团队关系的协调者。[①]

何树彬提出，学校领导在对教师共同体进行管理的时候应该：（1）深入理解学习共同体的特征以及建立这些特征的必备策略；（2）深入了解学校的历史、文化，以及会影响改革过程的可用机会和制约因素；（3）抓紧一切机会向师生员工和更广泛的共同体成员灌输学习共同体的特征；（4）从学区领导处获取对学校改革计划的支持，落实实施改革的资源；（5）通过与教师们分享领导权来得到他们的信任；（6）听从教师的意见，始终履行管理者的承诺；（7）建立适合学习的组织结构，比如说团体会议、年级会、学习小组等，并且为学校教师寻找其他有益于教学和学习的合作机会；（8）通过积极和教师们一起参加学习活动，体现出学校领导对学习的重视；（9）呈现强有力、持续的领导。[②]

胡航、王守玉、郑葳、梁宇学等学者还撰文指出，共同体成员应该共同关注学生的学习。教师共同体要借助校本研修机制，通过经常性的例会制度为共同体的成员提供相互交流、相互促进的机会，建立教师自我反思机制，促进教师个体的专业成长。多样性和创造性是教师学习共同体的活力所在，因此，学校应该在发展教师学校共同体的过程中注意为其提供多样性和创造性的建设平台，并为教师学习共同体的建设提供管理机制的保证。

上述成果为本研究提供了必要的参照，对于认识当前我国教师共同体及其管理的状况也很有帮助。特别是，这些成果对于理解教师共同体的内涵、作用和运行机理很有价值，其中大多数关于教师共同体的文章对如何建设和管理教师共同体的问题都有所提及和论述，但大同小异，更多的是从目前多种流行的学校管理理念中抽离出来的，并没有深刻理解并反映出教师共同体的本质与意义及其管理的要义，而且内容较为零散，不成体系，并不能解决教师共同体的管理问题。还有相当一部分论述是来源于实践经验，很有意义，但是没有经过理论论证，缺乏提炼总结。因此，本研究转向当代治理理论，希冀以这一理论对教师共同体的管理进行分析与研究。

---

① 陈秋兰. 学习共同体学校中校长的角色 [J]. 教育导刊，2005（12）：42－43.
② 何树彬. 中小学学习共同体之构建：理念与策略 [D]. 上海：华东师范大学教育科学学院，2005.

二、有关教师共同体治理及治理理论的论述

近几年来，许多学者就治理理论在我国实践中的运用撰写了很多论文。然而治理理论在教育领域内的应用不是很多，现有的研究也都散见于对政府与大学之间关系的研究，以及对于高校内部管理体制的探讨，而对于在基础教育领域应用治理理论的研究尚为罕见。下面就不同领域的学者对治理理论的研究作一简要述评。

（一）国内关于治理理论的研究

治理的英语单词是 Governance，在拉丁文和古希腊语中的原意是控制、引导和操纵。在过去的很长时间里，其与统治一词交叉使用，主要用于与国家的公共事务相关的管理活动和政治活动。现代治理概念的提出源于对企业问题的研究。威廉姆森（Oliver Williamson）最早提出"治理结构"的概念。之后，法玛（Eugene F. Fama）和詹森（Michael C. Jensen）提出所有权与经营权分离情况下的代理人问题。科克伦（Phlip L. Coehran）和沃提克（Steven L. Wartick）认为，治理的目的在于解决利益相关者相互作用时产生的诸多问题，其核心问题是：谁受益，谁应该受益。1989 年的世界银行报告把治理概念扩展到企业之外，将各种非营利组织如政府、中介组织、学校纳入治理研究的范畴。因为利益相关者问题、委托—代理等问题并不是企业独有的，而是在任何组织中都存在的，因此，治理逻辑都是相同的，只是约束条件和治理形式不同而已。

我国关于治理理论的研究从 20 世纪 90 年代初开始，主要从介绍、引进国外对治理的理论阐释开始。迄今为止，这种介绍和引进在治理研究领域仍然占有重要地位。

1. 关于治理概念的研究

国内研究者介绍了许多国外学者对治理概念的探讨结论。治理理论的主要创始人之一罗西瑙（James N. Rosenau）在其代表作《没有政府的治理》中，将治理定义为一系列活动领域里的管理机制，它们虽未得到正式授权，却能有效发挥作用。与统治不同，治理指的是一种由共同的目标支持的活动，

这些管理活动的主体未必是政府，也无须依靠国家的强制力量来实现。换句话说，与政府统治相比，治理的内涵更加丰富。它既包括政府机制，同时也包括非正式的、非政府的机制。"因此没有政府的治理是可能的，即我们可以设想这样一种规章机制，尽管它们未被赋予正式的权力，但在其活动领域内也能够有效地发挥功能。"① 罗茨（Robert Rhoads）认为，"治理意味着统治的含义有了变化，意味着一种新的统治过程，意味着有序同质的条件已经不同于以前，或是以新的方法来统治社会"。他提出关于治理至少有六种不同定义："①作为最小国家的管理活动的治理，它指的是国家削减公共开支，以最小的成本取得最大的效益。②作为公司管理的治理，它指的是指导、控制和监督企业运行的组织体制。③作为新公共管理的治理，它指的是将市场的激励机制和私人部门的管理手段列入政府的公共服务。④作为善治的治理，它指的是强调效率、法治、责任的公共服务体系。⑤作为社会—控制体系的治理，它指的是政府与民间、公共部门与私人部门之间的合作互动。⑥作为自组织网络的治理，它指的是建立在信任与互利基础上的社会协调网络。"②

　　研究治理理论的另一位权威斯托克（Gerry Stoker）对目前流行的各种治理概念进行了梳理，并对作为一种理论的治理提出了五种主要观点："①治理意味着一系列来自政府但又不限于政府的社会公共机构和行为者。②治理意味着在为社会和经济问题寻求解决方案的过程中存在着界限和责任方面的模糊性。③治理明确肯定了在涉及集体行为的各个社会公共机构之间存在着权力依赖。④治理意味着参与者最终将形成一个自主的网络。⑤治理意味着办好事情的能力并不仅限于政府的权力，不限于政府的发号施令或运用权威。"③

　　而全球治理委员会把"治理"界定为"各种公共的或私人的个人和机构管理其共同事务诸多方式的总和，它是使相互冲突的或不同的利益得以调和并且采取联合行动的持续的过程。它既包括有权迫使人们服从的正式制度和规则，也包括各种人们同意或以为符合其利益的非正式的制度安排"④。

　　在引进国外治理观点的同时，我国学者也做了大量的有关治理概念的基

---

　　① 转引自：杨咏梅. 从管制到善治：基于治理理论的高校学生管理模式创新研究 [D]. 上海：华东师范大学教育科学学院，2006.

　　②③ 转引自：俞可平. 治理和善治引论 [J]. 马克思主义与现实，1999（5）：37 – 41.

　　④ 俞可平. 治理和善治：一种新的政治分析框架 [J]. 南京社会科学，2001（9）：40 – 44.

础性研究。智贤在《Governance：现代"治理"新概念》中将 Governance 翻译成"治道"，认为"治道"是关于治理公共事务的效能，是驾驭经济发展的能力。毛寿龙教授在译介治理时指出："英文中的动词既不是指统治，也不是指行政和管理，而是指政府对公共事务进行治理，它掌舵而不划桨，不直接介入公共事务，只介入负责统治的政治与负责具体事务的管理之间，它是对以韦伯的官僚体制理论为基础的传统行政的替代，意味着新公共行政或者新的公共管理的诞生，因此可译为治理。"① 俞可平认为，"治理一词的基本含义是指在一个既定的范围内运用公共权威维持秩序，满足公众的需要。治理的目的是在各种不同的制度关系中运用权力去引导、控制和规范公民的各种活动，以最大限度地增进公共利益。从政治学的角度看，治理是指政治管理的过程，它包括政治权威的规范基础、处理政治事务的方式和对公共资源的管理。它特别地关注在一个限定的领域内维持社会秩序所需要的政治权威的作用和对行政权力的适用"②。

2. 对治理理论内涵的探讨

国内还有学者在讨论治理理论内涵问题上，借鉴了国外学者的观点，提出治理理论主要包括以下三方面的内容："第一，对社会管理力量多元化格局的关注，对社会组织群体势力的重视和关切。它认为政府并不是管理社会的唯一权力中心，社会上的一些志愿性的或属于第三部门的机构也可以致力于社会种种问题的解决，在管理改革中，应当把传统上属于政府的一些责任和职能转移给社会组织。第二，治理理论在关注社会管理力量多元化的同时，对政府的角色给予重新定位。一方面，它并没有将政府从其概念中剔除出去，依然认为政府在当代社会发生着重要作用，但已不是全能政府，而是有效政府；另一方面，治理理论还提出了元治理（meta-governance）的概念。元治理是西方学者为寻求解决治理理论失灵所用的词汇，充当元治理角色的仍然是政府，元治理是治理理论重视政府在社会公共管理网络中的重要功能的另外一种表述。第三，在明确了政府的角色之后，治理理论对治理的网络管理体系作出了重要的阐释。它认为，在社会公共管理领域内，政府与其他社会

---

① 毛寿龙. 西方政府的治道变革 [M]. 北京：中国人民大学出版社，1998：7
② 俞可平. 治理和善治引论 [J]. 马克思主义与现实，1999 (5)：37-41.

组织群体势力共同构成了相互依存的治理体系。它的运作逻辑是以谈判为基础，强调行为者之间的对话与合作。通过行为者之间持续不断的对话，以产生和交换信息，从而减少机会主义的危害，有利于不同机构之间增进了解，加强沟通，降低冲突，增加相互合作，这就有利于消除相互依存却又独立运作、关系松懈的组织间的隔膜，突显出治理理论的民主特征。"①

3. 关于治理类型的划分

日本学者星野昭吉将治理分为平行治理和垂直治理两种。平行治理意味着治理者与被治理者构成一种平等和对称的关系，是一种合作的治理；垂直治理则构成了一种不平等和非对称的关系，是一种两极对立的治理。虽然目前国际体系中盛行着垂直治理，但它正在逐渐消失，而平行治理正随着全球化进程的加快日益凸显。星野昭吉认为，治理的本质含义是一种非暴力、非统治的治理机制，而不是强迫和压制。"治理是个人与权力机关、社会与私人之间管理共同事务多种方式的总和。它是一个不断持续的过程，在这个过程中冲突与对立的利益得到协调，人们之间相互合作。治理包括能迫使人们服从的正规权力机关和管理，也包括那些人民与权力机关都乐于接受，享有共同利益的非正规的措施。"②

近几年，我国已经出现了一些关于外国大学在治理方式上的比较研究和对本国大学进行治理的学术探讨，但是迄今为止，尚未发现运用治理理论研究中小学管理并公开发表的文章。

国内学者对治理理论的研究以引介为主，同时也进行了初步的探讨，在治理概念、内涵、类别等方面做了较为系统的论述。这些论述给本研究提供了一个初步的理论准备。但是，这些研究中的引介有些滞后，一些治理新理论没有得以引进与介绍，而独立进行的本土研究还不多，有些研究尚缺乏深刻的分析。

（二）国外治理理论研究的新进展

20 世纪 90 年代以来，西方学者赋予治理以新的含义，其涵盖范围远远

---

① 赵景来. 关于治理理论若干问题讨论综述 [J]. 世界经济与政治, 2002 (3)：75 - 81.
② 转引自：吴志成. 西方治理理论述评 [J]. 教学与研究, 2004 (6)：60 - 65.

超出传统意义,已经不再是停留在表面理解上的管理学概念,"治理"一词越来越被社会科学界广泛使用,并逐渐发展成为一个内涵丰富、适用范围宽广的具有多学科背景的当代国际管理的前沿理论。治理理论获得了深入和迅速的发展,其应用领域从经济、政治延伸到社会、教育、文化等许多方面,研究视野则从宏观层面深入到中观和微观层面。

特别要指出的是:2009 年,英国著名学者格里·斯托克和印度政治科学家池霍特瑞(Vasudha Chhotray)将网络理论、委托代理理论、社会解释理论、新制度主义经济学、有限理性理论、新参与理论等一并纳入治理理论,使之成为一种蔚为大观的、跨学科的当代管理理论系统。他们对治理理论的新提法在世界范围内得到传播,并被运用于国际社会的各个领域。

当代治理理论由五个最重要学派的理论观点构成,,这五个学派分别是网络管理学派、授权理论学派、社会解释学派、有限理性学派和文化制度学派。

1. 网络管理学派对治理的论述

网络管理学派的代表人物,澳大利亚塔斯马尼亚大学政府学院教授,著名政治科学家罗兹(R. A. W. Rhodes)在其代表作《理解治理》中就明确指出:"治理就是网络管理。"[1] 由科科特(William Kickert)等领导的荷兰学派将网络管理划分为两大类型:经营管理与网络构建。[2] 经营管理指的是对一个现存网络中的关系的管理。网络构建指的是试图改变现存网络中的结构和参与者。第一种类型涉及政府采取妥协的方法为共同决策创造条件,并由此产生一个被认为是对所有人都有益的结果。第二种类型更为直接,涉及改变角色之间的关系,变化资源分配模式,促使政府对重要变革给予鼓励,如治理理论代表人物、丹麦行政学者库依曼(Jan Kooiman)所说,"第一个"治理处理网络每天的管理事务,"第二个"治理聚焦于治理制度环境的变化;第一个可能被视为根据现在的规则玩游戏,第二个更多的是关于建立规则,使不同的制度安排满足不同的利益需要。[3]

① Rhodes. Understanding Governance [M]. Buckingham: Open University Press, 1997: 52.
② Chhotray, Stoker. Governance Theory and Practice: A Cross-Disciplinary Approach [M]. UK: Palgrave Macmillan, 2009: 20.
③ 同②,第27页。

丹麦另一位学者索仑森（Eva Sorensen）提供了一个有用的分析框架，她界定了四种网络管理的方式，它们是：（1）自我构建式的不介入方式；（2）故事叙述式的不介入方式；（3）支持与促进式的介入方式；（4）参与式的介入方式。其中，后两种干预方式在很多方面都与早先网络管理著作中的直接干预方式类似，它们都是由政府主体在经营管理中通过支持与促进网络成员间的交换或更主动地加入交换过程，来推动特殊利益或特殊结果的实现。

在索仑森的分类中，较有新意的是两类不介入的网络管理方式。这些不介入形式包括的范围很广，其中不仅包括促进立法不介入网络中各组织达成目标的道路和机制，而只是为网络指明一个总的方向，留给组织以更大的自由空间；而且还包括采用激励的方法鼓励组织之间的合作等。这其中最为关键的就是国家扮演着不介入的角色，"它引导但不命令"①。

正式的目标设置和激励结构并不是影响网络管理的唯一方法，讲故事也能够对网络管理产生影响。索仑森认为讲故事是网络管理的第二个工具。她认为：讲故事能够塑造人对理性行为的认识，例如，可以通过兴趣的建构，朋友—敌人关系的想象，对个人和群体，以及对社会的过去和可能的未来的观点的建构来进行塑造。因此，讲故事代表了一种能够影响政治战略形成的很有力的不干预方式，它影响着在多种自治角色中，没有直接干预的政治战略的形成。②

除了以上四种方法外，索仑森提出，为了更有效地管理网络，管理者也需要学习新的领导技能。而萨拉蒙（Lester M. Salamon）认为，新的领导技能还应包括管理者应该学会授权。

"不同于传统的公共行政和新的公共管理，'新的治理'把重点从管理技能和对大型官僚组织的控制转向授予权力的能力，这种技能要求使伙伴们在网络中平行排列，在互相依赖的情境中，为了一个共同的结果，把多个利益

---

① Chhotray, Stoker. Governance Theory and Practice：A Cross-Disciplinary Approach［M］. UK：Palgrave Macmillan, 2009：29.

② Sorensen. Metagovernance：the Changing Role of Politicians in Processes of Democratic Governance［J］. The American Review of Public Administration, 2006, 36（1）：98-114.

相关者聚集到一起。"①

萨拉蒙定义了管理者需要具备的三项核心技能。第一项技能是激活或活化技能，就是能够使有关人员都参与进来帮助解决问题的技能。第二项技能是帮助网络中的各个组成部分有效地、协调一致地工作的技能。协调的过程一般涉及交际手段、交流和讨价还价。第三项技能是调节技能，这种技能需要在管理过程中保持足够的独立，如此才能更好地履行管理职能和平衡各方利益。在很多方面，这是最难的一项技能，它要求有精于世故的能力来评判和理解其他利益方的立场。

以网络为基础的治理不依赖规则或激励来驱动公共服务改革，而是依靠全心全意的人文视野来推动公共服务改革。人们的动机来自于自身在网络中的参与和伙伴关系，也就是他们在互相尊敬和共享学习情景中形成的与他人之间的关系。② 网络管理理论成功地指出了一条管理公共行政的不同道路。作为一种对治理新方式的描述，网络管理理论无疑具有相当积极的意义。

2. 授权理论学派对治理的论述

授权理论讲的是治理机制的问题。如果说网络管理理论认为治理的关键在于有效地管理网络，那么，授权理论则认为有效治理的关键是建立恰当的授权机制。授权理论的基本假设是只要激励恰当就能够得到希望的结果。与网络管理理论不同，这一理论更多地关注正式的制度安排。③

相比于网络理论，授权理论认为有效治理的关键在于正确的代理结构，它强调从模型中获得认识。授权理论学派的主要代表人物、美国南加州大学政治规划与发展学院教授波特里（Bertelli）认为，授权是新治理改革的核心，因为一定范围内的机构共享权力和责任，理解授权如何工作能够为有效理解治理的运转提供帮助。授权理论强调从指向经验测试的简明的具体模型中获得洞见，只要它在"真实的世界"中是可能存在的。

---

① Chhotray, Stoker. Governance Theory and Practice: A Cross-Disciplinary Approach [M]. UK: Palgrave Macmillan, 2009: 29.

② Stoker. Public Value Management: A New Narrative for Networked Governance? [J]. American Review of Public Administration, 2006, 36 (1): 41−57.

③ 斯托克. 地方治理研究：范式、理论与启示 [J]. 浙江大学学报：人文社会科学版, 2007 (2): 5−15.

授权理论与委托代理理论共享一个前提假设，就是老板（负责人）与下属（代理）同时加入一个"不合作"的游戏。老板可以授权代表或者不授权，代理人可以推卸、逃避或工作。表1-1表明的是在给定的假设下，四种可能出现的结果。

表1-1　四种代理可能 ①

委托人授权	结果 A 代理人努力工作	结果 B 代理人推卸责任
委托人不授权	结果 C 代理人推卸责任	结果 D 代理人努力工作

这个模型是老板在选择授权或不授权的前提下，代理人可能的工作情况。这里有一个假设，就是老板愿意代理人按照自己希望的方式工作以达到目标。这个假设很能说明问题。代理人可能愿意或者不愿意有自己的判断，也就是说，作为委托的接受者不是必然认为具有一定独立性的代理工作比服从控制更有吸引力。这是因为在一些情况下，下属可能因为害怕为结果负责而不想承担责任。那么，交易的基础是什么？为什么代理人想要帮助老板解决困难？授权理论给出的答案是下属想要避免"控制推卸"（control-shirk）的选择。这个假设显示出老板和代理人都无法容忍他们之间爆发明显冲突，所以双方的观点都是尽量避免结果 C。老板的目标是达到结果 D 或 A，如果在有时间限制或缺少相关信息而不能获得更理想的解决办法的情况下，能够有限地接受结果 B。

认真思考一下授权的动力能够帮助说明为什么在治理的世界中达到有效地授权是那么难。从经典的委托代理的假设（老板和代理人之间不合作）出发，发布命令的权力在领导，但是下面的代理人掌握着信息优势，因为他们是直接参与者。为此，我们可以把授权看作是一个微妙的平衡游戏。

授权理论提出了一些能够有效管理授权的方法。其中一种被称作联盟原则，这种原则要求老板应该提拔能够在意识上代表他的下属。另一种被称为

---

① Chhotray，Stoker. Governance Theory and Practice：A Cross-Disciplinary Approach［M］. UK：Palgrave Macmillan，2009：33.

排序法，这种方法能够增加代理人选择他们所倾向的成果的可能性。他们利用管理细则来建立游戏的规则：代理人如何能够做出一个决策，哪些利益需要考虑，允许以什么速度做出决策。而且领导可以通过建立找回机制进一步控制代理人的选择。这种找回机制可以确保在代理人做出出格的决策后能够对决策进行重新调整。另外，领导应该创造一种环境，在这种环境中代理人更可能做出与领导观点一致的决策。授权理论还强调，老板在出现问题后对代理人进行制裁是不好的方法。我们能从授权理论中得到一条重要的信息，那就是如果领导缺乏时间和资源去管理他们的委托人，那么，他们可以通过对规则制订机构的掌控来管理整个机构。

3. 社会解释学派对治理的论述

社会解释理论认为，人们对世界的解释是不同的，因此，在社会中人与人之间的沟通也远非易事。这可能是治理最大的挑战。就像英国政治学家、伯明翰大学公共政治学系的纽曼（Janet Newman）在其代表作《治理现代化：新工党、政策和社会》中说的那样，理解治理需要强调"基于意义的生产结果，以及备选意义的约束，从属或协调的社会安排是以哪种方法建构的"[1]。人们不能通过建立程序或规则来确切地引导下属的行为，因为每个人的思想是不同的，对规则的理解也是不一样的，即使下属想要按照领导制订的规则做事，也可能不会达到领导所想要的效果。"我们不能轻率地假设官僚们同我们对他们所在制度环境的理解和判断是一致的。"[2] 如果没有对信念和思想的发掘，那么对人的行为和活动是做不出任何合适的解释的。要想理解人们的行为并对其作出合适的解释，就必须深入挖掘他们的信念和愿望，探索他们对自身所处位置的理解，以及对他们有影响的规范和价值观。"人们不可能具有纯净的经验，因为他们的信念渗透着可能的理论"[3]，我们的任务就是理解这些信念和愿望。人们在传统背景下工作和生活，这些传统促使他们去采纳一定的意义，当出现困境时，他们可能会修正他们的传统和信念。英国

---

① Newman. Modernising Governance: New Labour, Policy and Society [M]. London: Sage, 2001: 6.

②③ 转引自：Chhotray, Stoker. Governance Theory and Practice: A Cross-Disciplinary Approach [M]. UK: Palgrave Macmillan, 2009: 37.

政治学家拜沃（M. Bevir）"鼓励我们根据基于信念竞争的政治竞争来理解治理，并通过对传统和困境的参考来解释这些信念"①。

丹麦政治学家邦（Henrik P. Bang）强调，把治理看作一种"沟通关系"是很重要的。治理十分注重关系，特别是那些没有通过正式权威清晰表达的关系。治理关系被认为是由治理和治理者之间的交换过程所驱动的，他们之间的关系需要开放、发展和反思。国家和市民之间以及市民和市民之间的关系持续处在一个模糊的状态，必须发展出新的能够使更多人参与其中和更加灵活的治理模式。对社会解释学派来说，所有的社会生活都是可协商的和可治理的，如果要有效和合法，那么社会生活需要自觉地进行改革，"需要一个更加互动的、可协商的、对话的和促进的权威在人们自我治理中帮助他们"②。

公共管理领域的社会解释学派的另一位代表人物是美国著名学者班克斯（Stephen P. Banks），他通过对公共关系沟通性质的讨论，为社会解释理论提供了框架。社会解释在这里指深入不同人口组（班克斯把不同族裔、种族、群体等统称为不同的人口组）的不同文化，理解不同人口组的文化差异，通过对话实现沟通。班克斯还援引南卡罗来纳州州立大学咨询教育系主任洛克（Don C. Locke）在《不断增长的多元文化理解》一书中的论断——"我们生活在差异时代"，指出这种情况在技术主导经济的现实中得以持续，这种现实正在改变多数人的公共生活和个人生活。数字时代正推动不同人口组之间的交流。

当代，人们对不同文化的人口困境的研究或实践持续给予广泛的关注，学习跨越文化差异进行有效沟通日显必要。班克斯的基本思想是：公共关系仍然需要强有力的理论和更具社会敏感性的、以意义为中心的实践，其中之一就是关注并建立积极的多元文化的联系和共同体。③

文化是一个鲜活的过程——"有意义的行动"④，其界限和术语是由实践者进行定义的。班克斯的研究关注差异性与一致性的关系以及两者的沟通。

---

① ②　转引自：Chhotray, Stoker. Governance Theory and Practice：A Cross-Disciplinary Approach ［M］. UK：Palgrave Macmillan, 2009：37.

③　Banks. Multicultural Public Relations：A Social-Interpretive Approach ［M］. Iowa State University Press, 2000：4.

④　Geertz. Local Knowledge：Further Essays in Interpretive Anthropology ［M］. New York：Basic Books, 1983：10.

他认为不同文化的边界问题是有讨论余地的：文化是根据人们在具体情境中对事件意义的理解方式来划分的。文化间的差异与仪式、符号或服饰的差异关系不大，尽管这些因素可以作为文化差异的线索；而文化的不同主要是指一定人口组的人们参加规范的日常实践劳作时他们所遵从的信念是不同的。具体实践的特色决定着文化的边界，这一点对于不同文化之间的联系和沟通是非常重要的。

文化术语的当代用法显示，不同的文化使不同的人群理解其经验意义的方式有所区别。这个观点来自于哈里（Harry Trianis）提出的"主体文化"的概念，这个术语用于表示人群适应社会环境的独特方式。如此，文化是最低限度的在人群中持有的有关社会生活原理和有关社会生活如何进行的方法的一套理论（通常是简化了的）。

人们的沟通和交流应从对文化本质的共同理解开始。班克斯在这里所主张的文化观是：文化单位是任何一组人群，该人群以某种方式认同自身的明显特征，或该人群在与具体实践和概念的联系中受到他人的认同。今天的技术以前所未有的速度产生不同的群体，显而易见，善于进行跨文化沟通是十分重要的。

4. 有限理性学派对治理的论述

有限理性是最晚应用于治理问题的。这一学派与西蒙对认知心理学深刻的洞见有着密切的关系。这一学派对人类决策进行了大范围的探索和研究。一些研究显示出人类能够在多大程度上迎接决策所带来的挑战；另一些研究则聚焦于人类判断中存在的一系列缺陷。

美国华盛顿大学政治学教授琼斯（Bryan D. Jones）跟随着西蒙的脚步不仅从心理学的角度对决策进行探索，而且还研究了社会制度在纠正和引导人类决策中的作用。他的研究对我们理解决策在治理中的作用具有很大帮助。

有限理性的概念最初是阿罗（Kenneth J. Arrow）提出的，他认为有限理性就是人的行为"是有意识的、理性的，但这种理性又是有限的"。一是环境是复杂的，在非个人交换形式中，人们面临的是一个复杂的、不确定的世界，而且交易越多，不确定性就越大，信息也就越不完全；二是人对环境的计算能力和认识能力是有限的，人不可能无所不知。有限理性提出，人类自身认知能力的有限性，以及世界背景的复杂性，导致人类选择做什么的过程非常复杂。决策受到人类心智和组织背景的限制。决策者在做决策的时候不得不同时处理外部环境、他们的内心世界以及他们的认知结构。决策者自身的经验、思考习惯以及情感可能会使他们将注意力集中于一些事情上，而忽视其他事情。因为人类思想情境的作用，理性是"有限的"。社会心理学和认知研究显示，人们发展出很多不同的处理技术和探索方法来处理他们在做决策时遇到的挑战。

有限理性的原则告诉我们，代理人会在信息不完全和部分忽略的基础上做选择性寻找，并在最佳选择出现前终止寻找，选择相对好的来进行操作。想要理解决策者的行为必须知道他们知道什么、需要什么和能够计算什么。我们需要关于决策者的经验信息，但不能假定他们的决策过程受到自身偏好的影响。这并不是说代理人的行为是非理性的，相反，他们是理性的，因为他们的行为一般都是目标导向的，而且做什么经常是有原因的。只是他们的理性可能与原则很不相同，他们的理性依赖于他们的认知结构和对所处环境的判断。

有限理性学派提供了一系列关于治理失败和为什么说政府在治理的背景下掌舵是一项具有挑战性的任务的解释。首先，任务中的行动者的观念和角色是很难改变的。其次，这些关于关心什么、不关心什么的观点在规章和组织的运作程序中被重新加强，人们可能会产生对它们的感情和对组织的忠诚。这些附加感情会影响对改革所作出的努力。最后，在处理以前改革项目过程中，代理人可能会设计出破坏或曲解改革信息的方法。

这一理论让我们重新审视政治制度的设计，"不管我们正在研究的是经济学的理性选择理论的几近全知的人类，还是心理学的认知心理学中的有限理性人类，都会使研究有所不同，从而也会对政治制度的设计产生影响"①。

人类是有缺陷的决策者，我们需要设计出一种带有大量检验和权衡的制度，并在有限政府框架中设置出有限的责任跨度。有限理性的框架想要说明的是，尽管人们存在缺陷，但仍是有效的决策者。

---

① Simon. Human Nature in Politics: The Dialogue of Psychology with Political Science ［J］. The American Political Science Review, 1985, 79 (2): 293-304.

5. 文化制度学派对治理的论述

文化制度理论也为我们对现代治理的理解提供了帮助。它提供了理性选择所忽视的思想，但同时，它也显示出能够为指导制度设计提供足够的"分析功效"。文化制度理论的起点与理性选择理论相同，认为个体是主动的、有创造性的思想者。但不同于理性选择理论的是，文化制度理论认为个体受到他们所处的社会背景的影响。人们不仅仅受到允许或限制他们选择的社会关系的影响，而且他们会采纳有影响的社会原则来指导他们的选择，这些原则可以"用来判断其他人，也可用来证明"自己给别人看。社会关系和世界观对个人作出决策十分重要。社会关系和世界观通过社会生活或群体文化而能动地结合到一起。

从文化制度理论来看，人的兴趣是社会关系的产物。人有偏好的原因可能来自他们深层次的愿望。人的偏好和他们实现这些偏好的方式方法受生活方式的制约。人们用文化偏见来帮助自己决定想要什么，责备谁，什么时候冒险，什么时候缺乏兴趣，这些都是治理要关注的重要内容。

道格拉斯（Mary Douglas）利用组和网格的概念明确"社会结构的全部排列"。组的概念强调的是：我是谁？网格概念强调的是：我要做什么？就像加利福尼亚大学伯克利分校政治科学系教授威尔戴夫斯基（Aaron Wildavsky）的学术论文《通过建立制度来选择偏好：文化理论视野下的偏好形成》一文中说明的："个体的身份可以通过其所属的群体来说明，也可以通过与他人关系的远近来说明。行动的问题可以通过个体需服从规定的多少，精神是自由的还是受到诸多限制来回答。群体间的界限是强还是弱，多还是少，群体之间是多样的还是相似的，是规定约束还是解放个体，这些都是文化的组成部分。"①

文化制度理论与治理存在关系，是因为它对个人所具有的社会关系模式如何帮助他们决定选择，以及让他们在有限的信息和相当复杂的背景下做出决策进行了解释。由网格—组框架衡量的社会结构为人们提供了一种启示，一种了解治理困境和如何对其作出反应的方法。人们知道怎么做，因为他们

---

① Wildavsky. Choosing Preferences by Constructing Institutions: A Cultural Theory of Preference Formation [J]. The American Political Science Review, 1987, 81 (1): 4-21.

知道他们是谁，他们的位置在哪儿。

如果想在一个专业的环境里进行干预，那么采取与主导工作和思考的制度方式相一致的治理办法会更加有效。一个专业的环境可以被看作受到"共同体主义"的巨大影响，"共同体主义"以建立在伙伴关系和内向型之上的社会结构，尊敬所有成员，在价值立场上依靠同辈群体肯定的社会关系为框架。因此，在这种环境中想通过强加严格的规则或设置某种激励措施来对其进行改变是行不通的。换一种方式，你可以在你想进行的项目中寻求与专业群体中的一些成员进行合作，然后通过他们的领导力在专业群体中建立追随者和拥护者。

文化制度理论给我们提供了一个启示，使我们能够清楚在任何一种背景下可以选择的治理方式。此外，我们可以从另一个角度来看网格—组的框架，就如同拿一个放大镜在图书馆中查找图书，通过放大它的焦点来更深入地检查每一个分类。

"文化制度理论提供给设计者精选的治理工具。但更多的是，作为一个设计原则，文化制度理论认为一个可持续的治理体系必须有针对不同文化形式的多样的协调机制。"①

综上所述，治理理论是一个跨学科的理论系统。它与传统管理理念的最大不同就是变"主体—客体"的关系为"主体—主体"的关系。这是一个重大的转变，这种转变除强调治理主体的多元化外，还强调治理过程中政府和社会之间的双向互动，以及多个治理主体之间的相互影响。传统政府的统治是通过运用政治权威，对社会进行自上而下的单一向度的管理和统治。与此不同，治理主体多元化和治理过程的复杂化使得政府和社会、政府机构与非政府组织、公共机构和私人机构之间的合作成为可能和必要，治理的过程成为一个政府与社会的双向互动、相互影响的过程，社会力量在治理中的作用日益增强，不再像过去一样任由政府摆布，而是自下而上对政府有重要的影响。同时，政府机构、非政府组织以及各种公共的和私人的机构主要通过合作、协商的途径，共同对社会公共事务进行管理。不

---

① Chhotray, Stoker. Governance Theory and Practice: A Cross-Disciplinary Approach [M]. UK: Palgrave Macmillan, 2009: 46.

同治理主体之间的影响是相互的，没有哪一个机构，包括政府部门，能够长期拥有超出其他机构和组织的权威影响而居于统治地位。因此，治理主体的多元化导致了治理过程中权力的运行向度是多元的、相互的，而不是单一的和自上而下的。[①]在社会公共管理领域内，政府与其他社会组织群体共同构成了相互依存的治理体系。它的运作逻辑是以谈判为基础，强调行为者之间的对话与合作。

从以上分析中我们可以看到，治理理念强调多元，强调治理过程中的多元互动，这正是教师共同体所呼唤的学校管理改革的方向。双方的合作、协商和交流，这些方面恰恰与教师共同体的理念是相契合的。而治理理念强调政府角色的弱化，强调社会非政府组织和公共机构的职能，强调政府与社会的双向互动、相互影响，要求给予社会组织和公共机构充分的独立性、自主性和尊重。而在学校管理中，作为"非政府组织"的教师共同体在生存与发展的理念上与此具有内在契合点。国际社会对治理研究的新进展给本研究提供了更为充分的理论准备。

第四节　教师共同体研究的方法与思路

一、教师共同体研究的方法

根据上述研究的问题，本书采用文献法、问卷法、访谈法和系统分析法展开研究。

（一）文献法

人们在研究先前历史事实时需要借助文献的记载，在发展科学领域时需要继承文献中的优秀成果。文献法是指搜集、鉴别、整理文献，并通过对文献的研究形成对事实的科学认识的方法。我们对现状的研究不可能只通过现场调查，还需要通过大量的文献研究来对与现状相关的文献进行分

---

① 苗月霞. 治理理论与当代中国政府治理模式的创新［J］. 特区经济，2005（3）：17－19.

析和吸收。本研究采用文献法对与教师共同体和治理理论有关的文献资料进行查阅、梳理和总结，并对研究成果进行分析和讨论，把握不同学者的观点，以及他们观点的相同点和不同点，他们所持观点的基础是什么，并在此基础上开展自己的研究。特别是在案例收集和分析中，采用文献研究的方法收集了丰富的案例资源。文献的类型主要是书籍和论文。文献的来源主要有北京师范大学图书馆和国家图书馆馆藏资料，中国知网、中国数字化期刊群（万方）、人大复印报刊资料等中文网上资源库和 OCLC 等外文网上资源库。

（二）问卷法

为了进一步了解学校教师共同体的发展和管理状况，本研究自行编制调查问卷，以中小学校长和教师为调查对象，共编制两套问卷，为本研究提供有效的测量工具。问卷的具体编制程序包括以下几个环节。

1. 问卷维度和问题的初步编制

调查问卷的维度和问题的确定主要根据教师共同体治理的分析框架，从对有关教师共同体管理的文献中分析获得；与此同时，借鉴了以往使用过的比较成熟的调查问卷。

2. 问卷的预测

将初步确定的维度编织成问卷，从样本所在地区或非样本地区随机选取一定数量的中小学校长和教师作为被试进行预测。

3. 问卷的修订和完善

由于本研究只采用了频数分析方法，因此对问卷题目进行了阿尔法检测，以检测题目的信度，通过信度的检验确认问卷的科学性。

4. 研究对象的选择

根据本文的研究内容和作者所能联系到的学校资源，选取了教师共同体发展比较好的西南地区一座城市的 5 所中小学校进行问卷调查和访谈调研。

（三） 访谈法

访谈是一种有目的的、个别化的研究性交谈，是通过研究者与被研究者口头谈话或互相通信的方式从被研究者那里收集第一手资料的方法。它能够进一步验证通过文献分析和问卷调查所获信息的真实性，了解不同学校校长和教师对教师共同体发展和管理的真实意见。本研究运用了实地访谈和网上访谈的办法对学校领导和教师进行了访谈调研。实地访谈采用了非结构性访谈方法，网上访谈采用了半结构性访谈方法。

（四） 系统分析法

系统分析法是本书运用的一个主要研究方法。20 世纪 40 年代末以来，大量充满不确定性、竞争性等复杂系统的出现，使得一般性方法越来越不能适应事物发展的需要，转而采用系统思维进行分析，系统分析法应运而生。系统论的创立者贝塔朗菲（Ludwig Von Bertalanffy）把系统确定为："处于一定的相互关系中并与环境发生联系的各组成部分（要素）的总体（集合）。"① 我国著名学者钱学森给系统下的定义是："系统是由相互作用和相互依赖的若干组成部分结合成的具有特定功能的有机整体。"② 钱学森认为，恩格斯在谈到自然科学研究方法向思维方法的转变时，就给系统概念以明确的含义了。

从系统的定义可以看出，一个具体的系统必须具备三个条件：一是系统必须由两个以上的要素（元素、部分或环节）组成；二是要素与要素、要素与整体、整体与环境之间，存在着相互作用和相互联系；三是系统具有确定的功能。这三个条件缺一不可，否则就不能构成一个具体的系统。系统分析法是建立在对系统进行有目的、有步骤的探索分析基础上，为决策者提供最佳选择方案的一种科学方法，它的核心是建立模型。本研究将运用系统分析的方法对实施教师共同体治理的要素及要素之间的关系进行分析，构建出教师共同体的善治模型。

---

① 中国社会科学院情报研究所. 科学学译文集 ［M］. 北京：科学出版社，1980：315.
② 顾瑜. 法的要素、结构、功能浅析 ［EB/OL］. ［2013－09－09］. http. //article. chinalawinfo. com/article print. asp? articleid = 1018.

二、教师共同体研究的思路

本研究从文献调查入手，从文献中梳理出目前国内对教师共同体和对教师共同体治理的研究现状，然后通过实地访谈和问卷调查对目前我国中小学内部教师共同体的发展状况和教师共同体的管理状况进行调查，获得教师共同体运行的实际情况。以此基础上，运用治理理论对中小学教师共同体管理的实际情况进行分析并构建出教师共同体治理的分析框架，进而从存在问题和教师共同体治理的分析框架中抽象出关键要素；运用系统分析的方法对教师共同体治理的要素和要素之间的关系进行研究，形成教师共同体的善治模型。具体思路如图 1-1 所示。

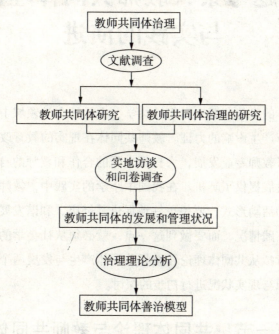

图 1-1 教师共同体研究的思路

第二章

问题考察：教师共同体理论
与实践的演进

　　教师共同体的思想渊源来自于社会学，它是社会学领域中的共同体理论对学校教育改革产生影响的力证。教师共同体在现实的教育改革与发展中不断涌现，促进了教师专业发展，为教师之间的合作和教师的自主发展，以及学校的进一步发展提供了契机。在我国中小学的实践中，教师共同体具有各种不同的名称和活动形式，要想更好地促进其健康、和谐发展，就必须把握其本质特点和实践情况，而要做到这一点，就必须从社会学的共同体理论中获得洞见。本章拟从共同体理论和教师共同体产生与发展两个层面对教师共同体的思想渊源与现实状况进行初步的探讨。

第一节　共同体理论与教师共同体
发展的基本脉络

一、共同体理论产生和发展的基本脉络

　　"共同体"一词由来已久，含义丰富。关于共同体的思想早在古希腊亚

里士多德那里就产生了，而后在西方经由西塞罗、奥古斯丁、阿奎那、伯克，一直到密尔、滕尼斯、黑格尔和杜威延续下来。共同体及共同体关系概念的内涵和意义虽历经变化，但这一思想传统在西方历史上一直没有中断过。①就共同体思想的发展而言，历史上有两条大的脉络："在政治哲学上，共同体一词的意义，可溯源自亚里士多德的政治共同体，是为达到某些善之目的所形成的共同关系或团体。然而，在 19 世纪，社会学对共同体的讨论，并不是源自这一意涵。在社会学框架内，共同体概念一开始指的是社会的某种组织方式、联系纽带和结合原则。威廉姆斯（Raymond Williams）指出共同体这个词的复杂性，是与历史过程中所发展出来的各种思潮复杂的互动有关：一方面，它具有'直接、共同关怀'的意涵；另一方面，它意指各种不同形式的共同组织，而这些组织也许可能、也许不可能充分表现出上述的关怀。"②

美国社会学家布林特（Steven Brint）在回顾共同体这一概念时，认为在社会学中讨论共同体，有两个来源，一个是源自滕尼斯，另一则是来自涂尔干。

（一）共同体与社会：斐迪南·滕尼斯的共同体思想

德国社会学家斐迪南·滕尼斯在 1887 年出版了社会学著作《共同体与社会》。在这部著作中，滕尼斯区分了两种人类共同生活的形式，即共同体和社会。他认为，共同体与社会是一对对立的范畴，"共同体是古老的，社会是新的，不管作为事实还是作为名称，皆如此"③。共同体的本质可以被理解为现实的和有机的生命的关系，而这种关系本身就是结合。"共同体是持久的和真正的共同生活，社会不过是一种暂时的和表面的共同生活。因此，共同体本身应该被理解为一种生机勃勃的有机体，而社会应该被理解为一种机械的聚合和人工制品。"④他认为，人类有两种意志：一种是本质意志，另一种是选择意志。本质意志主要基于情感动机，指的是人们在传统的和自然的

---

① 李建兵. 共同体主义：批判中寻求存续空间 [J]. 广西社会科学, 2004 (3)：8 – 11.

② 陈美萍. 共同体（Community）：一个社会学话语的演变 [J]. 南通大学学报：社会科学版, 2009（1）：118 – 123.

③④ 滕尼斯. 共同体与社会 [M]. 林荣远，译. 北京：商务印书馆, 1999：53 – 54.

感情纽带基础上的一致性和相互融合。选择意志则主要基于思想动机，指的是人们那种尽量排除感情因素的纯理智思维、个人的目的性打算及人与人之间利益关系的考虑。这两种意志形式分别与"共同体"和"社会"的类型对应。

共同体主要是基于自然意志，如情感、习惯、记忆等，以及血缘、地缘和心灵而形成的社会组织，包括家庭、邻里、乡镇或村落。这种社会组织属于一种有机的整体。人们在整体中扮演着不同的角色，是社会成员的身份，彼此之间有着亲密的互动，相互依存，并且寻求归属感及深入的了解。他认为，最初的共同体是血缘共同体，"血缘共同体作为行为的统一体发展为和分离为地缘共同体，地缘共同体直接表现为居住在一起，而地缘共同体又发展为精神共同体……地缘共同体可以被理解为动物的生活的相互关系，犹如精神共同体可以被理解为心灵的生活的相互关系一样。因此，精神共同体在同以前的各种共同体的结合中，可以被理解为真正的人的和最高形式的共同体"①。

社会则是基于理性意志，如深思熟虑、抉择、概念等，符合主观利益而形成的社会关系，如各种利益团体，以及各种规模不等的城市或国家。在社会中，参与者是基于独立性质的个人，根据主观判断而采取行动。他们的关系是疏离的，可是又不得不彼此联合，以争取自己的权益。人与人之间的关系主要是利益关系，必须靠契约来维持。这种社会的人际关系是契约性、非人格化、专门化的，强调隐私和个人。滕尼斯也表示，共同体和社会只是理念类型，在现实生活中，并不存在纯粹的共同体或纯粹的社会，而只是存在与共同体和社会近似的社会实体。共同体和社会就好像是社会形式的两个端点，任何形式的社会都可以在这两个端点之间找到定位。

在此基础上，滕尼斯还提出了能够把一个团体的成员团结在一起的特殊的社会力量，这就是共同体内部的默认一致。这种默认一致是指团体成员把"相互之间的、共同的、有约束力的思想信念作为一个共同体自己的意志"②。"默认一致是对于一切真正的共同生活、共同居住和共同工作的内在本质和

---

① 滕尼斯. 共同体与社会 [M]. 林荣远，译. 北京：商务印书馆，1999：65.
② 同①，第71页。

真实情况的最简单的表示。"① "结构和经验的相似性越大，或者本性、性格、思想越是具有相同的性质或相互协调，默认一致的可然率就越高……默认一致的真正的机关是语言本身，默认一致就是在这个机关里发展和培育它的本质，人们用表情和声响表示、相互告知和感受到痛苦与快乐、惧怕与愿望和所有其他的感情和情绪的激动。"②

滕尼斯对共同体充满了乡愁，他认为只有在共同体这种社会组织形式或社会实体中，人类才能够重新找回那种人与人之间应有的道德关怀，他希望人类社会能够回归共同体时代。滕尼斯的这种思想与他所处的时代有很大关系，在19世纪，共同体的失落是当时社会的核心问题。当时整个西方社会的背景是社会逐步转型，由于大工业社会的不断推进和发展，传统社会人与人之间的那种休戚与共，如同亲情一样的直接的互动没有了，取而代之的是人与人之间互动方式的非人格化，人们的生活越来越依靠他们从未见过和不曾认识的人，彼此的互动被市场力量或法律制度所支配，因此共同体这种直接的互动方式在工业社会的社会关系中被区分出来。滕尼斯提出"共同体"与"社会"这对范畴，在更多的层面上是对共同体进行了带有理想主义的美化。传统的共同体并不都是美好的、和谐的，尽管如此，滕尼斯对共同体的经典论述仍使我们在全球化时代得以理解共同体的某些重要的内核。

（二）机械团结和有机团结：涂尔干的共同体思想

与滕尼斯同时期的社会学家涂尔干在《社会分工论》中尝试运用一种新的方法来探讨个人和社会之间的关系问题。为此，他引入了一个关键的论题，即社会团结或社会整合。在涂尔干的眼中，社会团结或社会整合可以被看作是一种社会事实，这个事实存在于个人的外部，而且不能根据个人的特殊性来解释。他在理论中划分了两种不同类型的社会结构，即机械团结和有机团结，这两种社会结构反映了分工程度的不同和团结的主要形式的不同。

---

① 滕尼斯. 共同体与社会 [M]. 林荣远，译. 北京：商务印书馆，1999：74.
② 同①，第72页。

1. 机械团结

以无机物分子之间所存在的联系进行类比，涂尔干把多半不发达的和古代的社会中的那些团结称为机械团结。他认为，机械团结是由于彼此相似或相同而形成的团结。当这种形式的团结主宰社会时，个人之间的差异不大，同一团体的成员彼此相近或相似，因为他们有着同样的感情，赞成同样的道德准则，承认同样的神圣的事物。在这种情况下，社会是"协调一致"的，因为个人之间还没有分化。机械的团结之所以有可能，乃是以集体淹没个性为代价的。

2. 有机团结

与上述关于机械团结的论述相反，发达的社会就像一个具有各种器官的有机体一样，其中每个人都按照社会的分工执行着某种专门的职能。因此，涂尔干把这种社会中所出现的新的团结形式称之为有机团结。分工决定着个人的区别：这些个人按照其职业上的作用发挥着个体的、个人的能力。每个个体现在都是独立的个人，都意识到每个人都依赖于他人，所有的人都由分工所造成的社会关系的统一体系联系着，这就造成人们彼此的相互依赖感、团结感和自己与社会的联系感。用涂尔干的话来说，在这种形式的团结中，集体的"协调一致"或表现为分化，个人不再彼此相似，而是彼此有别，正是由于不同，"协调一致"才以某种方式得以实现。

从中可以看出，以机械团结为基础的社会，它的分工极不发达，但是它有强烈的集体意识。以有机团结为基础的社会，它有高度发达的分工，结果是高度和广泛的相互依赖替代了强烈的集体意识作为团结的根源。涂尔干认为，一般说来，这两种社会是统一的进化链条上的两个环节，社会分工的发展推动了社会结构从机械团结向有机团结转变，社会是从机械团结向有机团结进化的，但是集体意识在有机团结中并未完全消失，而是以另外的形式表现出来。

涂尔干不是把共同体视为一种社会结构或外实体，而是人们互动中存在的一些特性。因此，共同体不是只存在于传统农业社会，在很多的现代城市中也存在着。依循涂尔干途径分析的研究者，累积及证实了近似共同体的重要社会关系，包括结构层面和文化层面："（1）紧密的社会约束力；（2）对社会机构的依附和参与；（3）仪式庆典；（4）小规模人口；（5）相似的外表特征、生活方式及历史经验；（6）相同的道德信仰、道德秩序等。"① 布林特对这些研究的结论是：如果强调近似共同体的关系，是社会学对一个被社会精神影响的世界的重要贡献，那唯有把社会关系中会产生变化的层面，从一个更广阔的社会概念区分出来，这个贡献才变得有可能。在这一理解上，共同体概念的出现，意味着社会科学的成熟：从一个模糊的共识，走向一个清楚的分析概念。"布林特对共同体的分析与结论很符合社会学到美国之后的发展趋势与研究方法。一个具体、可以清楚分析的共同体概念是注重经验研究的美国社会学所需要的。"②

涂尔干显然没有滕尼斯对前工业社会的深切的乡愁，反而认为现代工业社会，可以通过职业团体的伦理，以及社会分工所产生的依赖关系加以整合。这样的工业社会使得个人获得更大的自主，可是，同时也依附在社会秩序上，所以他对共同体的研究不在整体社会关系，而是集中在更小的社会结构或文化群体中。③

20世纪初，社会学由欧洲传到美国，而美国没有欧洲大陆深厚的文化传统，加上城市中逐渐增多的各地移民、不同的种族及语言文化背景，美国社会学研究很快就把研究焦点放到了城市问题上。而如何研究城市问题，将城市生活和传统生活作比较是一个很自然会被选择的途径，除此，对某个地理范畴的人群聚落，尤其是对不同种族的移民群体进行深入了解，则成了另一个研究途径。欧洲的"共同体"研究，在美国社会学中逐渐演变成城市社会学中的社区研究。

在近二三十年中，还有一些著名的社会学家对共同体进行了论述，这些论述从不同方面丰富并发展了共同体思想。

（三）齐格蒙特·鲍曼的共同体思想

齐格蒙特·鲍曼是英国著名的社会学家，他在《共同体》一书中，从社会理论层面重点阐发了共同体对安全的意义，并追踪其在现代社会变迁进程

---

① ② ③　陈美萍. 共同体（Community）：一个社会学话语的演变 [J]. 南通大学学报：社会科学版，2009（1）：118 – 123.

中的转换问题。鲍曼把"共同体"视为一个象征着安全、和谐的有机体，指出共同体是一个象征着互助、和谐和信任的褒义词，传递出一种安全、愉悦和令人神往的满足感，维持着一种传统的稳定生活，或者渴望重新拥有一个团结、和谐的世界。同时，共同体及其成员的身份不是人为设计的，成员资格的认同也不需要去刻意寻求，更无法接受来自外界的任何反思、批判或试验。

共同体之所以会给人以不错的感觉，那是因为这个词所表达出来的含义——它所传递出的所有含义都预示着快乐，而且这种快乐通常是我们想要去经历和体验，但看起来又可能因为没有而感到遗憾的快乐。首先，共同体是一个"温馨"的地方，一个温暖而又舒适的场所。在共同体中，成员之间相互都很了解，他们可以相信其所听到的事情，在大多数的时间里他们是安全的，并且几乎从来不会感到困惑、迷茫或是震惊。其次，在共同体中，成员能够互相依靠对方。成员的责任，只不过是互相帮助，而且，他们的权利，也只不过是希望他们需要的帮助赶紧到来。

令人遗憾的是，共同体意味着的并不是一种可以获得和享受的世界，而是一种热切希望栖息、希望重新拥有的世界。威廉姆斯曾经评论说，共同体值得注意的东西是，"它总是过去的事情"。今天，"共同体"成了失去的天堂的别名。

《共同体》一书的译者欧阳景根对该书中所指的共同体进行了注解："'共同体'一词的原文是 community，社会学家往往把它理解为'社群'、'社区'。但在本书中，此词的所指过于宽泛，指社会中存在的、基于主观上或客观上的共同特征（这些共同特征包括种族、观念、地位、遭遇、任务、身份等）而组成的各种层次的团体、组织，既包括小规模的社区自发组织，也可指更高层次上的政治组织，而且还可指国家和民族这一最高层次的总体，即民族共同体或国家共同体。既可指有形的共同体，也可指无形的共同体。"①

鲍曼在其中提出了确定性与自由的问题。他认为，想要得到"成为共同体中一员"的好处，就需要付出代价，付出的代价是自由。"失去共同体，

---

① 鲍曼. 共同体 [M]. 欧阳景根，译. 南京：江苏人民出版社，2007：1.

意味着失去安全感；得到共同体，如果真的发生的话，意味着将很快失去自由。确定性和自由是两个同样珍贵和渴望的价值，它们可以或好或坏地得到平衡，但不可能永远和谐一致，没有矛盾和冲突。"①

他认为，滕尼斯选择"共同理解"（common understanding）、"自然地出现"（coming naturally）作为共同体区别于激烈争吵、你死我活的竞争、讨价还价和相互吹捧的世界的特征。

（四）当代其他社会学家的共同体思想

瑞典一位很有洞察力的分析家罗森伯格（Göran Rosenberg），在 2000 年发表的一篇文章中创造了"温馨圈子"（warm circle）的概念，来理解人类在和睦相处中的天真状态。在这一"温馨圈子"内所提供的人与人之间的那种情感和忠诚，"不是源于外部的社会逻辑，也不是源于任何经济的成本—收益的分析"②。这恰恰是使得这一圈子变得"温馨"的东西。在这一"温馨圈子"内，人们不必证明任何东西，而且无论做了什么，都可以期待人们的同情与帮助。

美国人类学家、社会学家罗伯特·雷德菲尔德（Robert Redfield）非常赞成滕尼斯的观点，即"在一个真正的共同体中，没有任何反思、批判或试验的动力"③，这是因为共同体区别于其他的人类群集，它的规模很小，同时是自给自足的。"它给共同体内的人提供所有的或多数的活动与需要。小的共同体是一个从摇篮到坟墓的安排。"④雷德菲尔德认为共同体的"独特性"（distinctiveness）意味着：它分为"我们"和"他们"，不再存在模棱两可的情况，谁是不是"我们中的一员"，这是显而易见的，不存在混乱状态，也没有混乱的理由——没有认识上的含糊不清，因而也就没有行为上的摇摆不定。"小"（smallness）意味着：共同体内部人们的交流是全面的、经常的，与共同体外界的交流则相对稀少，而且不深入。而"自给自足"却意味着：与"他们"的分离几乎是全面的，打破这种分离的机会是少之又少的。在有

---

①② 鲍曼. 共同体 [M]. 欧阳景根，译. 南京：江苏人民出版社，2007：5.

③④ Redfield. The Little Community and Peasant Society and Culture [M]. Chicago：University of Chicago Press，1971：4.

效地保护共同体的成员免于遭受对"他们"的习惯方式的挑战中,这三个特性结成了钢铁长城。只要这三位一体的特性保持完好无损,那么,反思、批判和试验就几乎不可能出现。

雷德菲尔德提出的"小共同体"的完好无损的一致性,依赖于封锁他们所栖息的世界与外界的交流渠道。雷德菲尔德要说的共同体的一致性,或者说滕尼斯更喜欢说的共同理解的"自然而然性"都是由相同的原料做成的:即它们都是由同质性(homogeneity)、共同性(sameness)构成的。①

英国著名的左派史学家艾瑞克·霍布斯鲍姆(Eric Hobsbawm)指出:"'共同体'一词从来没有像最近几十年来(在这几十年中,在现实生活中很难找到社会学意义上的共同体)一样不加区别地、空泛地得到使用了。"他评论说:"在一个其他所有东西都在运动和变化、其他所有东西都不确定的世界中,男人和女人们都在寻找那些他们可以有把握地归属于其中的团体。"佐克·杨(Jock Young)对霍布斯鲍姆的观点和评论做了一个简洁而又一针见血的、深刻的解释:"正是因为共同体瓦解了,身份认同才被创造出来。"②

从滕尼斯、涂尔干、鲍曼、霍布斯鲍姆等西方社会学家对共同体从各自不同角度的深刻阐释中,我们可以发现很多不同之处,但是同时我们也能够找到其中的相似点,这就是共同体的安全与惬意、成员组成的同质性和自愿性、相互关系的和谐性和行动的一致性,以及成员对共同体的依赖性。在现代化的进程中,崇尚竞争与效率、追求物质与利益造成的人与人之间的疏离和冷漠,即道德伦理的危机,往往使人们向往有一个摆脱烦恼的温馨港湾,有一个可以信赖的圈子,有一个有共同愿景的组织,有一个可以共生与共发展的沃土。而这些正好是共同体理念所具有的。因此,在现代社会中,共同体的理念,尽管是多元的,也还是散发着思想的魅力,深深地吸引着人们,只不过这时的共同体建构不是一股乡愁了,而是面向未来发展的精神力量。

---

① 鲍曼. 共同体 [M]. 欧阳景根,译. 南京:江苏人民出版社,2007:7-9.
② 同①,第12页。

当代国际社会政治、经济、社会、文化的变革，包括教育的变革，往往会从共同体的理念中获取精神助力。20 世纪 80 年代以来的美国中小学教育改革和教师教育改革，便是从共同体的理念里获取了教师专业发展的思想支点。

二、教师共同体产生与发展的脉络

共同体理论自从其诞生之日起，便以各种形式影响着人类社会的诸多领域。共同体理论也对教育领域的变革与发展发挥着重要作用，教师共同体的产生与发展便是一例。

在现代社会的发展中，面对公共空间的萎缩，单面人的出现，西方社会酝酿并进行了一场旷日持久的旨在恢复共同体、使之得以新生的社会活动构想与实践运动。这种思想与实践在教育领域产生了非常广泛的影响力。

（一）从个人化努力转向学习者的共同体：国际教师专业发展的趋势

20 世纪 70 年代石油危机后，新保守主义和新自由主义思潮凸显，在教育领域里出现了将市场经济的竞争机制引入教育，刺激教育发展的趋势。但是，人们逐渐地发现，在教育领域里更多的还是要关注人、尊重人、倡导不同人之间的合作，而教师和教师的合作较之领导与教师的合作、教师与学生的合作、学校与社区及家庭合作更为重要。正是在这种条件下，"学习共同体"、"学校共同体"、"实践共同体" 等成为西方社会教育领域普遍关注与青睐的术语，教师共同体正是在这一形势下提出及发展的。

在 20 世纪 90 年代，利特（Judith Warren Little）和迈克拉林（Milbrey McLaughlin）就提醒教育学者从社会学和人类学中借鉴共同体的概念，然后把它直接应用于学校教育。[①] 而目前的教师共同体，就是把共同体概念应用于教育领域的产物，它的出现旨在促进教师的专业化。

---

① Grossman, et al. Toward a Theory of Teacher Community [J]. Teachers College Record, 2001, 103（6）：942 – 1012.

教师专业化是提高教师专业水平、促进教师教育改革的一种取向。对教师专业发展的普遍关注始于 20 世纪 60 年代中期，当时西方发达国家的社会发生了急剧变化。由于人口出生率急剧下降、政府大幅度削减公共支出、学校教育质量与公众预期质量产生巨大差距等原因，这些国家的教师教育承受了前所未有的压力，教师教育改革势在必行。在教师教育改革中，职前教师培养质量和在职教师素养与能力的提升被纳入改革视野，教师专业化、教师的专业发展逐渐成为教师教育改革的主导方向。

1963 年，世界教育年鉴的主题是"教育与教师培养"（Education and Training of Teachers）。1966 年，联合国教科文组织和国际劳工组织共同发布《关于教师地位的建议》，强调：必须把教师职业作为专业来看待。① 1980 年，世界教育年鉴的主题是"教师专业发展"（Professional Development of Teachers）。1983 年，美国发布《国家处于危险之中，教育改革势在必行》调研报告，该报告指出美国中小学教育的弊端在于"平庸"，"平庸"的原因在于师资质量不高。② 在这种背景下，美国开始了旨在提高公共教育质量，推动教学成为真正的、专业的教师专业发展运动。美国教师专业发展运动对国际社会特别是欧洲社会的教育产生了很大的影响。此后，英国等发达国家开始将教师专业化纳入政策视野，并对理论与实践相脱节的传统教师教育模式的弊端进行了一系列改革。新的教师教育模式在目标定位、课程设置、教学形式和组织管理等方面，都呈现出与传统教师教育模式迥然不同的特征。就其中教师教育的组织形式而言，新模式实现了一个重要转向，这就是将关注的重心从"个人化的努力"转向"学习者的共同体"。③ 它更加强调教师的交流与合作，强调将教师培养置于各种专业共同体之中。这样一来，教师能够通过参与合作性的实践活动来滋养自己的教学知识和实践智慧，有利于教师提高自身的教学水平和授课质量，也能够更好地促进学生的发展。教师专业

---

① 联合国教科文组织和国际劳工组织. 关于教师地位的建议 [EB/OL]. [2013 - 09 - 07]. http//www. doc88. com/p - 983340196526. html.

② 国家处于危险之中，教育改革势在必行 [EB/OL]. [2013 - 09 - 07]. http：//media. open. com. cn/media_ file/rm/dongshi2006/cdjyggyfz/kcnr/4/1/mck3. htm.

③ Thomas，et al. In the Company of Colleagues：An Interim Report of the Development of A Community Teacher Learners [J]. Teaching and Teacher Education，1998（1）：16 - 21.

化已成为教师教育改革的主要方向。

在这种背景下，美国、日本等发达国家先后开始将在职教师专业发展的重心从"个人化的努力"转向"学习者的共同体"，相继出现了教师专业共同体。

而把专业化的概念与共同体进行整合也具有较长的历史，这一尝试可以追溯到改革家和社会工作者们为儿童福利的实践和政策而建立的一套支持系统以及团队。然而，研究者们热衷于记录专业共同体的自然形成，特别是教师中间的共同体，却很少有人去建立它。最早把共同体的建立与专业化问题联系在一起的是古德（William J. Goode）。古德认为像法律和医药这样的专业在一定范围内具有多样性，它们是真正的共同体，而且它们也的确显示出了一定的共同体的特点。相同专业的成员具有相同的认同感（身份感）和共同价值观。相对于非成员，他们具有相同的角色界定，具有共同的语言，他们通过选择步骤和社会化过程控制着群体的再生。古德提出，专业共同体是一个"被包容（包含、容纳）的共同体"，是一个具有一定结构限制和受到很大社会支持的群体。[①]

其实，教师共同体就是这样一个被包容的共同体，它被包围在学校、社区等这些更大的社会组织中。2004 年 7 月 13 日至 17 日，在香港大学举行了国际教育教学委员会（ICET）大会，会议的主题是"教师即学习者：构建专业发展的共同体"，这是教师专业发展背景下对教师群体和学校提出的现实要求和描绘的共同愿景。

（二）教师共同体：中国教师专业发展的选择

改革开放三十多年来，我国基础教育改革经历了学校工作重心的转移、教育体制改革、素质教育改革和为推进素质教育的基础教育课程改革。从改革开放至今，教育改革与发展经历了相当长的历程，在这一漫长的过程中，我国教育工作者清醒地发现：市场经济体制的逐步建立和完善、社会的进步、教育改革的深化都要求不断提高师资质量。教师专业化成为我国教育改革的

---

① Grossman, et al. Toward A Theory of Teacher Community [J]. Teachers College Record, 2001, 103 (6): 942 – 1012.

具有时代特点的战略选择，这也是我国教育实现高质量发展的历史机遇。教师专业化必然要求教师教育的一体化和终身化。如何回应 21 世纪要求高质量教师的问题，如何以教师专业发展为取向深化教育改革是我国教师教育面临的重大课题。

"教师专业化是指教师在整个专业生涯中，通过终身专业训练，习得教育专业知识技能，实施专业自主，表现专业道德，并逐步提高自身从教素质，成为一个良好的教育专业工作者的专业成长过程。"① 正如教育部部长袁贵仁所指出的，"教师专业化是现代教育的重要标志，提高教师专业化水平是世界各国的共同目标，21 世纪中国教育需要专业化的教师队伍"②。促进教师专业化和以教师专业发展为方向进行教育改革是时代发展的要求。教师专业发展是我国教师教育改革的主题。

随着素质教育的稳步推进，基础教育对教师的需求逐渐从数量的满足转向质量的要求，教师专业化问题也越来越受到关注。1998 年，在北京师范大学召开的"面向 21 世纪师范教育国际研讨会"就明确提出了"当前师范教育改革的核心是教师专业化问题"。2001 年 5 月，国务院召开全国基础教育工作会议，发布了《关于基础教育改革与发展的决定》，其中第 28 条指出："建立一支高素质的教师队伍是扎实推进素质教育的关键。"这是具有战略意义的结论。这一结论道出了教师在教育改革中的重要性，也揭示了改革深入的方向。这样，我国教育改革的主题终于走近教育改革的主体——1300 万名中小学教师。这是从物质到精神、从思想到思想并行动着的人、从制度到实践者、从课程到教师的内在于我国社会真实情景的多维交错的教育发展线索，由此拉开了深化教育改革的大幕。教师正在成为新一轮教育改革的主角，而教师专业化则是目前实际上已经开始了的新一轮教育改革的主要标志。新世纪后我国开始推行的课程改革，不仅进一步促进了中小学素质教育的发展，而且对中小学教师的专业化水平提出了更高的要求。在职教师的专业发展已经成为推动基础教育质量提高的关键。从学校内部看，以往单兵作战、互不往来的教师个体劳动已经不能够适应基础教育的进一步发展，更需要指出的

① 教育部师范教育司. 教师专业化的理论与实践 [M]. 北京：人民教育出版社，2003：11.
② 同①，第 2-5 页。

是，以往科层制度下以工具理性看待与管理教师的方式也已经不能适应教育管理科学化与民主化的需要。我国以教师专业发展为取向的在职教师继续教育经历了由外控式的、以大学或各级培训机构为基地逐步演化到重视内控式的、以中小学校为基地的发展历程。教师个体的学历结构和素养虽已得到了提高，但在教师的专业发展水平和教师之间的合作发展方面还存在很大问题。这表现在教师与教师之间缺乏互动和沟通，彼此之间互相隔绝，教师在学校就像生活在"鸡蛋格"中一样，在教室中忙于自己的事务而与其他教师几乎没有实质性交流。市场经济大潮涌起的互相竞争和防范的文化阻隔了教师之间的交流，教室中的教师就像是自我雇佣的个体从业者，各自做着自己的事情。而现在的一些集体备课和研讨也往往都是外控式的，早已由学校管理层规定好了的，教师缺乏合作的积极性。这不仅导致优秀教师的实践经验无法得到共享，那些在专业发展上有困难的教师也无法得到及时帮助，这使教师群体内部无法形成合力，无法真正促进教师专业自主发展和整个学校教学水平的提升。

在不断深入的改革面前，传统的教师以自我为中心的、互相隔绝的思维方式和行为方式已经不能适应中小学教育的要求。因此，合作与发展成为教师专业发展的一个重要方面。于是，一些中小学领导或教师在国际教师教育改革思潮的影响下，特别是受到美国教师学习与发展共同体的影响，结合我国实际，努力寻找教师专业自主发展的生长家园，开始构建教师共同体。我国许多学校内部出现了不同形式的教师共同体，有力地推动了教师的发展和基础教育改革。

总之，教师共同体是一种在学校内部能够促进中小学教师自身专业发展的组织；进一步说，教师共同体"是一种以一系列核心信念为特征的模式和理论。这些信念包括教师专业发展对改善学生的学习十分重要；当教师专业发展是同事间的合作的时候，它是最为有效的；这种合作应当包括在真实的日常教学实践情境下的研究和问题解决"①。而本文的研究对象正是我国在深化基础教育改革中出现的中小学的教师共同体。

---

① Servage. Critical and Transformative Practices in Professional Learning Communities [J]. Teacher Education, 2008, 35: 63 - 77.

本研究通过学术期刊网查找国内以教师共同体作为主题、关键词的文献，确定国内对此问题的研究。从 2003 年李莉在当年第 9 期《早期教育》中发表的一篇题为《营造教师共同体》的文章开始，而后逐渐丰富起来。李莉的这篇文章主要是从领导管理的角度，强调"管理者要给予教师实践意义上的人文关怀，还必须为教师们营造一个共同体，让教师在相互支持中共同成长"①。文中主要讲了领导者营造教师共同体所应注意的问题，其中已经注意到了合作、平等以及民主的领导方式等内容。文章比较精练，其中已经具备了一些学校建设教师共同体的关键内容。

三、教师共同体的性质与特点

如前所述，我国现已拥有许多中小学教师共同体。学校内部的教师共同体既包括全校的教师队伍这种整体形式，也包括具体的经过教师专业化洗礼的教研组、学年组、备课组等基层教师共同体，还有伴随出现的教师发展论坛，各类学校的教学研究会，学校内部的课改沙龙、名师工作坊，各种网上交流的教师群体、教师读书会，或直接称为教师学习共同体、教师发展共同体、教师专业共同体等。

教师共同体的出现为中小学教师自身的专业发展提供了一个新教师教育的方式和途径，同时也为深化课程与教学改革增添了新的力量。它不同于以往的在职教师教育模式，教师共同体能够在鲜活的课改实践中，更好地促进教师之间经验的分享与交流，促进教师之间实现真正的富有成效的合作，使教师自身重要的个人教学知识得到传播，推动教师专业发展从外控式发展向自主发展转变，不仅仅使个体教师获得发展，而且还使作为专业集体的教师获得整体发展。

但是，近年来在教师共同体建设上出现了一些值得注意的问题，影响了在职教师自主发展的方向和实践。一是教师发展的行政化。一些学校只采用行政手段建立教师共同体，建立刚性指标束缚教师，没有以教师为本，教师职业倦怠严重。教师发展技术化，只重视具体操作，而无视教师存在的价值。二是教师发展与课改割裂。教师发展与课程改革两张皮，离开课

---

① 李莉. 营造教师共同体 [J]. 早期教育，2003 (9)：11.

改与教学实际，便没有教师真正的发展。一些教师共同体只重视教师自身的专业提高，认为教师发展是教师自己的事，课改则是上级和学校的事，这种割裂的思维方式是要不得的。三是以促进教师发展为主旨的教师共同体离开了存在的意义，成为形式上的东西，常常徒有虚名，这种情况必须得到解决。凡此种种，已经对我国教师共同体的建设与发展产生了消极影响。

出现上述问题的一个重要原因就是在步伐很快的改革中，一些学校的教师共同体和教师共同体建设的参与者忘记了教师共同体存在的价值，没有弄清教师共同体的特点。因此，为了把握教师共同体建设的基本方向和基本问题，我们认为有必要对教师共同体的性质与特点做进一步的探讨。

（一）教师共同体的性质

1. 教师共同体：教师专业发展的精神—地域共同体

滕尼斯将共同体划分为三类———血缘共同体、地域共同体与精神共同体。教师共同体就是一种精神—地域共同体。一方面，在教师专业发展语境下，教师共同体追求的是合作、分享与共同发展，是一种精神共同体；另一方面，由于是以学校为存在单位的，所以，也是一种地域共同体。因此，我们说教师共同体是教师专业发展的精神—地域共同体。

教师自主发展需要专业上的自由空间。长期以来，受到原有计划经济体制的影响，学校教育实行集中管理，中小学教师从教什么到怎么教等都已经被制度安排好了。在学校中，教师自己的思想很难得以体现，能够自由支配的时间也很少，行政化的学校教师管理使教师发展处于相当被动的状态。这种状态的长期存在形成了一种教师发展的外控式传统，这种传统至今仍有很大影响。自主发展是教师拥有专业自觉，持续、主动地改变原有的知识、观念，吸纳新的知识、观念，提高自己的能力，促进学生学习的过程，这是教师专业成长的关键点，是教师主体性的重要表现，也是教师职业道德的重要内容，它应该是一切自觉为教育事业献身的教育工作者的自觉行动。

在当前进行课程改革的背景下，教师进行自主发展尤其有着极不寻常的重要意义，事关教师的身心健康和课改的成功。教师的自主发展并不意味着课程改革完全依靠教师个人的行为，相反，课程改革更要求教师的团队合作、交流，形成教研合一的教师专业生活方式，在相互激励、相互学习中真正走上自主发展的道路。在教师共同体中，教师立足于教育教学实践自觉反思教学研究活动，不仅可以相互学习、相互激励，加快自主发展的步伐，而且能够有效地提高教育教学质量，促进学生健康成长。教师既可以学习其他教师的优秀教育教学经验，了解他们学习的新知识、新观念，也可以从与其他教师的对话、分享中，了解到对问题的不同观察角度和观点，从而在反思中建构新知识。另外，在教师共同体中存在着鼓励与支持教师学习的文化氛围，并提供各种支持性条件和学习资源来支持教师学习。教师在这样的学习氛围中彼此相互影响、相互鼓励，这使教师在遇到困难和压力的时候，能够坦然面对、积极解决。

课程改革是全体教师的事情，教师自主发展不仅仅要关注作为个体教师的发展，更应该关注作为整体的教师专业水平的提升。因为只有作为整体的教师专业水平有了很大的提升，才能从根本上推进课程改革，提高所在学校的教育教学水平。而教师队伍整体专业水平的提升需要教师之间资源的分享与传递，其核心是个人的教师专业知识、能力的分享与传递。在学校平时的工作中，教师之间很少有实质性的交流和分享，而以往校外培训机构和基于校本的教师教育培训这两种教师教育的形式，也都不能使教师摆脱孤立的境地。第一种培训方式是外控式的培训，它以教师的专业知识能够全部用显性知识来进行表征为假设，通过代表权威的教师教育培训者把教师职业的专业知识传递给教师，接受培训的教师只要运用这些专业知识就能够有效地指导自我的教育教学实践。这种培训方式存在两方面的问题：一是教育教学理论和实践分离；二是教师专业知识都可以用显性知识进行表征的假设不成立。因为教师教学质量的优劣，难以用明确的语言和符号等进行传递。第二种培训方式是基于校本的教师教育，针对教育教学实践问题，关注教师个体教育教学实践角色的完善，这种方式凸显了教师个体作为人的存在。校本培训的途径有反思、教师叙事、教育案例等，这些途径大多数时间都是教师个体独自进行的，缺乏教师与教师之间的合作交流。① 总之，以上这两种培训措施对于促进教师个体角色的转变、改进个人教育教学实践有一定的意义，但对于提高整个教师职业群体的专业化水平贡献不大，也依然无法真正地促使作为整体的教师专业水平的提升。教师共同体这种新型的教师专业发展组织，能够使教师从孤立的主体走向多元主体，通过教师之间的合作、互动与交流，实现知识的共享，有效地促进作为整体的教师专业水平的提升。

2. 教师共同体：教师专业生活的社会性共同体

涂尔干通过对现代社会背景的分析，提出了"有机团结"理论，深刻地阐释了个体通过怎样的关联而组成社会的问题，从更深层的社会联结形式的角度帮助我们理解共同体的维系与发展。如前所述，他认为社会团结的两种形式之一的"机械团结"是社会发挥功能所必需的，但从个人自由的立场来说是压抑性的。而"有机团结"在"有机关联"中，集体的"协调一致"表现为分化或产生了分化，个人不再彼此相似，而是彼此有别，正是由于不相同，"协调一致"才以某种方式得以实现。它是由分工的扩大以及伴随而来的社会成员个性化而产生的，它承认由于专业化影响而形成利益的异质形态，它通过缓和、调整和控制各种利益而使社会团结起来，是社会发展与个人发展相得益彰的状态。这种"有机团结"是与现代社会相吻合的。"有机团结"既是分工与整合的兼容，也有基于自愿、自由、主动而与他人发生正面联系的性质，因为"有机"是指灵活应变的生命机制、持续的再生性、自主调节的适应性。②

"有机团结"作为现代社会人的一种结合方式，成为人们在相互差异的基础上凭借理念、志趣进行协商以达成合作的机制。"有机团结"也正是基于以上所论述的内涵而嵌入到我们对教师专业共同体的研究中。因此，从这一角度我们认为教师共同体具有如下性质：教师共同体是以教师专业化为基础，以教师专业发展的愿望为前提，以"分享、合作、发展"为核心精神，以专业理想为纽带，以促进教师个体、教师整体以及学校发展为目的，在以学习、

---

① 王旭红. 对构建教师专业共同体的思考 [J]. 企业家天地：理论版，2009 (5)：161 – 162.
② 高丙中. 社团合作与中国公民社会的有机团结 [J]. 中国社会科学，2006 (9)：110 – 123.

教学、研究合一为标志的教师专业化的生活中形成的一种积极的社会关系的联结，是一种教师专业生活的社会性共同体。教师专业发展是教师作为"人"的发展，是多方面的发展。从这个意义上说，教师专业发展不仅需要考虑狭义上个人意义的专业发展，更需要考虑教师作为群体中的个体的社会发展。教师的社会发展要求我们的研究视角不能仅仅停留在教师个体层面，因为教师的社会发展内在地包含了作为教师群体中个体的发展与教师所构成的整个群体的发展。

因此，以涂尔干"有机团结"的思想为理论支撑，我们认为教师专业发展是一种社会性发展，对教师专业发展的研究也需要更多地关注教师的社会发展，尤其是他们之间专业关系联结的质量。教师专业发展，不仅是一个纵向的知识技能增长与教师个体不断成长的历程，同时更是一个横向的关系剖面。"从社会学角度来看，如果纵向是教师的专业发展，那么横向则是一种关系联结的建构。而'有机团结'正是这样一种横向观察教师专业共同体中教师个体之间关系以及教师整体关系的视角。"[①]

课程改革中一个重要的理念，就是形成教师专业的生活方式，而教师共同体恰恰促进了教师的专业发展。教师共同体的核心功能在于激发教师主动发展的愿望，通过教师共同体内部教师之间的合作，以及参与教师共同体的教学反思和研讨促进教师专业自主发展。帕尔默（Parker J. Palmer）认为："真正的共同体绝对不是线性的、静态的、分等级的，而是圆形的、互动的、动态的……真正的共同体就是通过论争而不是竞争来推进我们的认知的。竞争是个人为了牟取私利而秘密进行的、得失所系的比赛；而论争是公开的，有时是喧闹的，但永远是群体共享的。在这个公开的、群体的论争中，每个人都有可能在学习和成长的过程中成为胜者。"[②]

在教师共同体中，教师们在共同的专业生活中相互学习、共同研究，在教育教学实践中，不断提升自己的专业发展水平，树立专业自信，并获得自我的身份认同。"共同体是个体内部不可见的魅力的外部可见的标志，是自

---

① 刘雪飞. "有机团结"理论与教师专业共同体建构 [J]. 教育发展研究，2007（6A）：60 - 62.

② 帕尔默. 教学勇气：漫步教师的心灵 [M]. 吴国珍，等，译. 上海：华东师范大学出版社，2005：103.

身认同和自身完善与世界的交融。"① 教师共同体是一种充满魅力的存在，这种魅力表现为个体的自愿参与，经过与其他成员的不断交流、沟通而达成。也就是说，共同体的魅力是个人魅力的彰显，个人魅力又是共同体魅力的富有个性的表达。教师共同体因此而成为个体与同伴互助共生的沃土。

这里讲的教师共同体专指具有专业自主发展要求且相互理解的教师为了一个共同的目标而建立起来的组织，这是教师在学校推动下自我创立的一种学习与发展的共同体，这种共同体为教师专业发展提供了一个心情舒畅的、亲切的、可以互相依赖的、具有激励性的专业生活场景。正是在这种专业生活场景中，教师共同体的成员能够首先得到彼此的尊重和信任，得到自主表达的充分机会，而且能够和其他成员共同分享各自的个人知识、相关信息，开发新的更加丰富和广阔的学习与发展的资源。因此，教师共同体的有效运行一定能够促进教师的专业发展，提高教育教学质量，实现教学相长，并推动学校的改进和变革。

教师共同体为教师个人知识得以传播和共享提供了有利的环境，为知识的立体化生成创造了条件。首先，教师专业能力的提升与教师的精神愿望是分不开的。科学理论总体逻辑的运演本身就被一定科学主体的价值、信仰，特别是个人对理论框架的特殊选择和主观偏好左右，所以任何科学理论框架都是以个人意向为先导范式的特定结果。"在一切科学决策过程——某项科学研究之探寻、研究成果之公布、接受公众质疑并为之辩护——中，难度将更大，它们都涉及科学家的良心，对科学家来说，其中的每个过程都在检验他们对科学理想的诚意与奉献精神。"②个人知识和集体知识相互转化，逐步形成共享性专业知识。不论是在个体身上，还是在集体内部，个人知识共享的过程就是知识创生的过程，关键在于提供一个合适的实践参与的平台，而教师共同体的出现为实现知识立体化创造了条件。③

3. 教师共同体：教师教学实践共同体

教学实践是学校工作的中心，教师共同体切不可离开教学实践而追求所谓的专业发展，离开教学实践的专业发展是假发展。教师共同体就是教师的

---

①③ 王旭红. 对构建教师专业共同体的思考 [J]. 企业家天地，2009 (5)：161 - 162.
② 波兰尼. 科学、信仰与社会 [M]. 王靖华，译. 南京：南京大学出版社，2004：38.

教学实践共同体，在教学实践中，特别应理解教与学之间的关系是一种共享生命的关系。在基础教育课程改革日益深入的情况下，虽然教师的教育思想和课堂教学行为都发生了一些可喜变化，但还存在着不少不尽如人意的地方。其中一个关键问题是没有真正认识到教师发展与对学生的理解和研究、与学生的成长密不可分。没有对学生的关注就没有真正的教师发展，也谈不上是真正的课改。而教师共同体的这种教师教育直接与学生的成长相连，并以"学生"作为自身发展的关键词。

教师共同体的管理者不同于其他行业的管理者，他们的管理宗旨不是取得最大的经济利益，而是获得教学实践的成功，以保证学生在校取得较好的学习成绩和未来发展的资本，学生应当始终是教师共同体视野的关注点。同时，从中观上看，学校领导也应该意识到"学校改进的中心是学生的学习，学校领导应该清晰地描述出对学生学习的期望，并具有一种改进的紧迫感。因此，在学校中进行的任何管理行为都应该与学校教育的核心建立密切关联。而学校领导往往在这个重要方面做得不到位，很多学校的领导甚至还远离学校的教学实践"[1]。

教师共同体建设的宗旨是促进教师专业自主发展，其活动是以教学实践为基础的，学生的学习和发展是教师共同体关注的重点。只有在发现并解决学生学习与发展过程中存在的问题，教师专业发展才能真正获得实现。离开了学生，离开了教与学，教师专业发展便失去了意义，将学生从教师共同体活动的主题中抽离出去，教师共同体也便失去了存在的理由。正因为如此，教师共同体的活动总是和对学生的研究与理解联系在一起。

综上所述，教师共同体对学生学习与发展的促进是以促进教师之间的合作、激发教师自主发展为前提的，以教学实践为基础的。只有教师共同体过上充分的专业生活，教师个体拥有了自主发展的热望，教师之间出现富有成效的社会性合作，一切才有实现的可能。从这一角度看，教师共同体明显具有十分重要的意义。

---

① 王天晓．教学改进：艾尔默对学校改进理论的深化［J］．比较教育研究，2009（3）：86 - 89．

4. 教师共同体：学校改进的推动力

学校改进是一种"系统而持续的努力，目的是在一所或多所学校里改变学习条件及其他相关的内部条件，从而更有效地实现教育目标"①。学校改进是学校走向进一步发展的一条路径。通过学校改进，学校能够改掉过去影响学校发展和学生学习的消极文化，以及那些不适当的工作方法，促进学校主动适应环境，争取积极的发展和变化，最终使学校、教师和学生三者都获得很好的发展。"学校改进的根本在于教学改进"②，而学校改进和发展的终极目的是促进学生学习水平以及能力的提高。

对于学校来说，"不论采取何种管理方式，如果其结果对课堂没有积极的影响那将是没有意义的"③。而教师共同体正是植根于课堂教学，教师共同体开展的活动有力地改变着教师的教和学生的学。特别重要的一点是，教师共同体的建设会使学校教师高度认同学校的发展目标和愿景，从而产生一种内在的责任感。只有随着教师内在责任感的增强，学校才能够变得更加协调，教学才能更加富有成效。集体的目标和愿景以及内在的责任感深刻影响着每一位教师的教学工作，在这种积极状态下，教师充分发挥各自的专业自觉，自觉地担当起教育教学工作，时刻考虑学校的发展目标和自己应当作出的努力，主动探究如何解决教育教学问题和构建个性化的课堂教学，培养教育教学热情，积极评价学生的表现。教师共同体成为学校改革的主力军，在全体教师的推动下，学校改进也就成为顺理成章的事了。

（二）教师共同体的特点分析

如上所言，本文所探讨的教师共同体对于教师发展、学生发展、学校发展均具有重要意义。同时，我们也应看到教师共同体除了具有共同体组成的自愿性、共同体成员关系的平等性、共同体活动的合作性和成果的分享性这些性质之外，还具有一系列自己的特点。深入了解这些特点会更好地建设教

---

① Van Vehsen, et al. Making School Improvement Work [M]. Leuven: ACCO, 1985: 48.
② 王天晓. 教学改进：艾尔默对学校改进理论的深化 [J]. 比较教育研究, 2009 (3): 86 – 89.
③ Elmore. Breaking the Cartel [J]. Phi Delta Kappan, 2006, 87 (7): 517 –518.

师共同体，充分发挥它在教师发展中的促进作用。这些特点包括以下几个方面。

第一个特点是实践性。教师共同体运行于学校，作用于学校，它具有很强的实践情境性，这也是它的一个根本性的特点。因为教师共同体是扎根于学校的教育教学实践的，所以才能真正地与教育教学实践的前沿紧密结合，既能够及时地发现教育教学中存在的问题，又能群策群力地研究并解决这些问题。也正因为它的实践性，教师共同体和学生的发展、课程与教学改革密切相连，这样就能够更有效地在教育教学实践中促进教学相长。

第二个特点是研究性。教师共同体是以研究教师在教育教学中所遇到的问题为主要活动内容的，这种研究是一种合作性的同伴研究，不是在行政命令和考核指标的压力下做的研究。这种研究一般都是有的放矢，形式生动活泼，富有成效。这种研究与专业人员的学术研究是不同的，它是以对课堂教学和各种教学活动的反思为基础的。因此，自由探究精神是教师共同体的灵魂。

第三个特点是专业性。教师共同体是一个由教师这一专业群体中的人员自愿组成的专业团队，其活动目的、活动内容、活动方式和活动结果都与教师各自的专业和专业成长密不可分。因此，专业性也是教师共同体与其他共同体的一个边界。只有理解教师共同体的专业性，才能够更好地建设和发展它。因为教师专业发展的质量和水平直接关系到学校的生存和学生的发展，关系到整个基础教育的质量，所以通过教师共同体的活动促进教师专业发展始终是教师共同体建设的大方向。

第四个特点是开放性。教师共同体是教师自愿建立的，或是在学校推动下教师自愿组织的，它具有一种非正式安排的性质，是一种相对宽松或自由的存在，在学校内部和外部复杂的教育关系中，经常会出现已有成员的流动和外来人员的加入，还会出现一个共同体成员同时是很多共同体成员这种情况，也会有邀请大学教师、地方教研部门和社区人员参与教师共同体活动的可能性。只有这样不断地与外界交流，才能够使教师共同体成员的视野更加宽阔，解决问题的思维和方法才能更富有成效。教师共同体不可能是封闭的、单一的组织形式，各教师共同体之间也不可能是不相往来的孤立的存在。开放性应该是教师共同体建设的必然要求。

教师共同体的实践性、研究性、专业性和开放性这四个特点使它不仅区别于其他社会领域的共同体，而且也区别于教育领域内部不同形式的共同体。有了以上四个特点的保证，教师共同体能够更好地促进教师之间的交流与合作，促进教师的自主专业发展，促进学校的改进。它为究竟什么是教师共同体提供了进一步的说明和辨别，也为教师共同体勾勒出了一幅更完整的画面。如果不具有以上四个特点，就不能称其是真正的教师共同体。

综上所述，教师共同体是一个新鲜事物，它对教师的自主专业发展和学校的改进都有着很重要的意义，其实践形式呈现出不可替代的一些特点。2010 年颁布的《教育规划纲要》提出，要"严格执行义务教育国家课程标准、教师资格标准"，要建设高素质、专业化的教师队伍，对教师的专业发展给予了高度的重视。在这种大的背景下，进一步从课程改革的角度理解教师共同体的意义及其特点，建设好教师共同体，对于解决现存的教育问题，促进教师专业的可持续发展，深化课程改革，具有重要价值。中小学校则在建设教师共同体的过程中实现自身的改进与创新。

第二节　教师共同体实践的现实图景

如前所述，进入 21 世纪后，随着我国基础教育课程改革的深入开展，教师的教育观念得到更新，教师自主发展受到越来越多的关注，教师专业发展的要求越来越强烈，而教师之间的合作成为实现教师自主发展的一个必要途径，教师共同体应运而生。

在我国，从哈尔滨到深圳，从浙江到四川，不少地区的中小学内部都出现了教师共同体。它们虽名称各异、形式不同，有的叫工作坊，有的叫发展苑，有的叫活动站，也有的叫研究会，但都可以称为教师共同体。

在教师共同体中，教师可以围绕教育生活及专业发展过程中的种种问题真实地表现自我、表达自我，合作完成教学研究与教学实践工作。每一个教师共同体成员都可以借助他人的力量成长，在专业发展中相互关怀与促动，使教师由原来孤立的个体性主体转变为交互性主体。这样不仅可以使教师获得身心上的支持，而且能够促使他们产生更多的新思想，汲取更多的力量，从而最终实现共同的可持续的专业发展。本研究通过查阅大量的平面媒体和网上检索发现了一些典型案例，通过对教师的个别访谈获得了教师对于教师专业发展形式以及教师共同体建设的真实感受和想法。这些典型案例和教师的感受可以让我们从鲜活的事实中体会到，在我国基础教育改革中出现的教师共同体是中国教师的进步，是本土教师专业发展的新形式。同时，我们也可以从中发现我国教师共同体的建设正在促成一些重要改变的实现。

一、教师共同体满足了教师对专业成长的内在需要

长期以来，在教师继续教育过程中，外控式的集中培训在更新教师观念、开阔教师眼界等方面发挥着很重要的作用。随着基础教育改革的深入，人们越来越认识到只靠外控式的"大培训"是非常不够的，这种与教师实践过程割裂的培训局限性很大。现实的情况是：很多教师都接受过许多不同层次的培训，在培训时感到"很解渴"，很有收获，但当他们回到自己的教学实际，便又回到老样子，一切如故。培训学到的技能用不上，原有的教学问题还是没有解决，新的问题又涌现出来，教师们因此感到很郁闷，他们的热情被现实的困境消解了。这种"被发展"效果受到广泛的质疑。于是，一些学校的领导和教师选择教师共同体作为实现教师专业自主发展的新尝试。教师共同体成员之间平等的沟通和对话，使教师在学校生活的具体情境中实现了教育的回归和生命的升华。

江苏省泰州市城东中心学校为创新校本教研、提升教师专业素养，在实施课程改革过程中，积极推动学校内部教师成长共同体的建立与建设，真正实现校本教研，在本校教育教学实践的基础上，针对问题，进行"草根研究"，提高教师的专业发展水平。教师成长共同体由学科相同、兴趣相近的教师自由组合而成，利用非正规教研时间，开展自由、开放的交流。教师共同体通过成员之间的相互督促、相互学习，探索教育教学规律，构建起具有

自我特色的个性化教育教学模式，从而激活了校本教研机制，让广大教师在轻松愉快的氛围中感受专业成长的快乐。① 当前许多学校青年教师自发利用信息平台，如QQ群、教学沙龙、远程互助等，进行教学教育的交流。此外，还有假期联盟、博客、QQ空间、学科论坛，等等。这些是非正式制度安排的民间化色彩很浓的教师共同体。

教师共同体具有自愿性和主动性，其建立与建设的目的在于与学生问题、与学生发展紧密相连，聚焦于教学相长。只有那些关注学生发展的教师共同体才是真正有意义的。同时，这也是教师的精神解放，是我国教师主体性的自觉体认。建立教师共同体有别于行政命令的"大一统"和"一刀切"，不是追求批量的一哄而起，也不是一种新形式的培训，而是拥有相同意愿并相互接受的教师的自愿组合。这种共同体关注的核心是成员持续的专业发展，在深刻的"共情"的基础上自主开展有针对性的活动，教师共同体由此获得真实可靠的专业成长。

福建省某中学部分班主任和德育研究者自发建立了"释忧坊——班主任工作研究行动空间"。"释忧坊"在学校领导和几位德育工作志愿者的支持和努力下开始了每周一次的真诚对话。"释忧坊"的行动目的是"帮助班主任从班主任工作中找到乐趣、体验成长、获得幸福"，行动原则是"自我需要、自愿参加、自由来去"，其行动形式是"与资深且班主任工作经验丰富的教师交流、座谈、咨询；聆听教育专家、学者的指导并与之对话；适时进行班主任工作案例的收集、分析并参加相关德育课题的研究"。②

教师共同体唤醒了教师作为教育改革主体的意识、热情，使长期以来困扰一线教师专业发展自主性的问题，开始出现解决的转机。

---

① 吴美华. 城东中心学校组建教师成长共同体［EB/OL］.［2009 - 09 - 30］. http：//www.zjqyjy.com/readnews.asp? newsid = 8117.
② 李华. 复杂与永恒的共舞：从"释忧坊"的成立谈教师学习共同体的创建和运行［J］. 福建论坛：社科教育版，2009（7）：97 - 99.

二、教师共同体推动了教师在专业上的互助与共同发展

与传统的教研组、年级组相比，教师共同体的组织结构比较松散且开放，活动内容综合且多元，活动方式更具互动性，活动主体更具自主性和平等性，因而在教师的专业成长中发挥着重要作用。通过下面案例，我们可以看出学科教师是如何建设教师共同体的，是如何进行合作学习和开展研究活动的，教师是如何从没底气到有信心，进而获得自主发展的。

浙江省江山中学教师共同体由高三英语备课组的四位教师自发组成。之所以是这几位教师，首先是因为他们同在一个办公室，组织活动比较方便。其次，他们不仅是同事，同时也是好朋友，他们之间相互信任，大家在一起很轻松，不会有顾忌，而且他们平时就有在一起探讨教学问题的习惯。再者，这些教师的教龄各不相同，从 3 年至 17 年不等。这样，新教师可以向老教师学习经验，老教师可以向新教师学习新方法。"这个教师共同体开展的主要活动有：(1) 集体备课；(2) 相互听评课；(3) 课后反思。"① 在教师共同体中，教师通过对教学实践问题的沟通和学习，品评教学观念、教学方式及教学评价，而后进行实践操作进而反思，在不断的"实践—反思—实践"的循环过程中，促进了共同体内每一位成员英语教学的改进，提高了教师的英语教学能力，推动了专业教育水平的发展。正是在共同体活动过程中，教师教学的自信和教学智慧得到了增强，教师、学生、学校获得了共同发展。

深圳海滨小学于 2010 年 1 月成立了"08 教师共同体"。该教师共同体由 15 位 2008 年大学毕业的新教师组成，他们共同研究、共同学习、互助互爱、共同成长。共同体的章程由成员而不是由学校职能部门讨论拟定。②

总之，教师共同体就是让教师在安全、惬意、积极、开放的氛围中，没有顾忌地提出自己遇到的麻烦和问题，并进而展开讨论和探究，在思想的相

---

① 缪梅青. 在教师专业共同体中体验专业成长 [J]. 基础英语教育，2009 (1)：67 – 70.
② 深圳市宝安区滨海小学教师共同体 [EB/OL]. [2013 – 09 – 07]. http：//bhxx. baoan. edu. cn/listmore. aspx？ menuId = 0&blockid = 0f6b1dd0 – 43c8 – 4ee5 – 85af – a3a3088edf52.

互激荡中，促进成员专业能力的发展。

三、教师共同体推动了学校文化变革

教师共同体的建设对学校文化的影响是比较明显的。"学校文化就是
'在这里我们做事的方法'……学校文化是一个深深植根于组织核心的关于
标准、态度、信念、行为、价值、仪式、传统等的复杂形态。"① 这两种对学
校文化的解释都强调了学校文化具有核心的价值、共同的行动方式。当然，
每所学校的文化都具有历史形成的不同于其他学校的鲜明的个性。这种对学
校文化的理解能够帮助人们抓住学校文化的本质属性，不仅看到学校文化是
一种观念形态，具有核心价值，更看到学校文化是一种面对挑战的共同的行
动方式。

我国一些中小学教师共同体，虽然建立时间不长，但是在其影响下这些
学校的文化已经悄悄地发生了改变。建立教师共同体就是改变原有的教师发
展的被动局面，促进教育教学实践的变革，并推动学校变革文化的形成。不
论是学校推动的，还是教师自发组织的，教师共同体作为一种自主发展的文
化符号对于着眼于变革的学校文化具有很大的带动作用。

作为教师共同体的形式之一，学习共同体的建设"不仅仅是提高成就标
准或测试成绩，它涉及改变学校的文化，改变参与者互相影响的方式，允许
有更大的自由去发现和追求教育学生的新思想，而不会受到通常来自官僚政
治、利己主义和社会现状的威胁"②。奥马塔尼（Les Omotani）认为学习共同
体就是这样一群人的集合：这些人真诚地关心他人，专注于遵循一定指导原
则进行学习和练习，以加强互相之间的联系并促进家长与孩子的健康关系。
他认为，我们的核心价值和信念是什么，我们试图去创造什么，我们如何来
尊重我们的孩子，什么事情是最重要的，这些才是应当重视的问题。

共同的价值观和愿景是教师共同体建设的重要内容。建设共同愿景是一
个尊重所有成员的希望、梦想和渴望的过程。学习共同体鼓励成员开放地共
享他们的思想、信念、希望和感受。奥马塔尼强调："学习共同体是一个系

---

① Barth. The Culture Builder [J]. Educational Leadership, 2002, 59 (8): 6–11.
② Lafee. Professional Learning Communities [J]. School Administrator, 2003, 60 (5): 6–9.

统，这个系统的领导者通过在他的成员中培养责任感而非通过恐吓和惩罚来达到服从。学习共同体的成员根据整个系统最需要什么来做出选择和行动。学习共同体充满了关爱。"①

在中小学里，学校文化对生活和学习的影响要远比其他因素大得多，它既能够提供帮助也能够阻碍学习。积极的文化不仅有利于教师共同体的培育与发展，也能促进学生和学校的发展；消极文化则严重制约教师共同体的建设，不利于学校教学与教育的健康发展。理想的学校文化拥有以下共同特点：

·广泛共享的目的观和价值观；

·继续学习和改进的规范；

·对让所有学生都学习的承诺和责任感；

·合作与平等分权；

·教师拥有反思、集体研究和共享个人实践成果的机会；

·有一种共同的专业语言；

·共有的成功故事；

·广阔的专业发展机会；

·共同协作和学习等。②

很明显，教师共同体的意义几乎涵盖了上述理想学校文化的所有内容。所以，教师共同体的建设有力地促进了积极的学校文化的形成。同时，这也是对学校内部民主化管理的有力推动。

构建多元的教师共同体，各个共同体围绕学校发展主题，从不同角度研究、解决问题，共同促进教师发展。多元化的教师共同体建设旨在使学校的每一位教师都能置身于形式、内容不尽相同的共同体之中，成为教师共同体的建设者和受益者。学校领导要多倾听教师的心声，多与教师沟通交流，多为教师解决一些困难，积极营造民主、团结、和谐的校园文化，同时为教师创设一种支持学习、易于交流的氛围，使每一位教师都能参与开放、信任的教师共同体的建设。

同时，学校的教师们对共同体也抱有很高的期望，他们期待在共同体中

---

① Lafee. Professional Learning Communities [J]. School Administrator, 2003, 60 (5): 6-9.

② Peterson. Positive or Negative [J]. Journal of Staff Development, 2002, 23 (3): 10-15.

通过平等的交流和真诚的合作获得更好的专业发展，期待所教的学生更有出息，期待自己的教学更让社会、家长和学生满意。学校如何理解教师共同体的性质，进而积极领导和管理，这是一个过去常被忽视的崭新课题。

在一些没有明确建立教师共同体的学校，教师们也有主动发展的愿望，校领导也在思考什么形式能促进教师专业的自主发展。作者在对北京市海淀区一所小学教师的调研中深深体会到这一点。

问：我所说的教师共同体与教师合作有紧密的关系，你们学校有没有这种类型的教师团体，就是教师与教师合作，比如一起备课啊，或是其他方面的活动，通过这些活动来促进自身的专业发展？

答：嗯，有。但是不叫这个名儿，实际上它有这个功能。

问：名字未必要一样，有可能不叫教师共同体，我以前看过成都有的学校叫"站点"。你们学校的叫什么名？

答：比如说，我们学校成立了一个以老师名字命名的工作室。

问：哦，一个以老师名字命名的工作室？

答：对，××老师工作室，她吸收了一批人，愿意参加的，每周或每个月会给大家复印学习资料，然后开会讨论。成员基本都是语文老师，给语文老师成立了读写档案袋。基于这个项目，大家讨论班级的档案袋是怎么建立的，怎么促进学生作文的提高。

问：等于说，这个老师是工作室的召集者和行动组织者。工作室多长时间活动一次？

答：讨论也就一个月（一次），有时一个月也没有一次。但是她看到好的资料会给你，或者通过更新网络博客来传播。

问：更新频繁吗？

答：对。

问：但是发完资料以后，讨论会不会受影响？

答：会，因为我们学校太新了，这个工作室也才成立一年，而且她是我们年级组长，身兼数职。那天学校讨论为什么有些项目进行不下去，原因就在于一个人有好多职务。

问：哦。那除了这个工作室还有其他的这种组织吗？

答：其他的？那就是教研组活动、师徒结对。

问：师徒结对？

答：这个更明显，师傅直接指导徒弟上课。

问：等于是一对一的？

答：对，但不是每个老师都结对，只有年轻老师和有成绩的老师。

问：对你们这种新入职的教师，学校都会指派师傅吗？

答：刚开始会。

问：有没有几个老师在一起互相讨论、研究问题？

答：有，但是是自发的。

问：虽然是自发的，但有没有形成周期？

答：没有，出现问题就讨论。比如，语文、数学老师都在这个办公室，"哎呀，咱班今天这个问题大，谁谁谁……"讨论班里的事。

问：你们学校是一个年级的老师在一个办公室？各科都有？

答：没有英语，只有语文和数学。

问：那你们有备课组之类的吗？

答：没有。

问：有的学校会有备课组，同一学科的老师会一起备课，有什么问题相互讨论。

答：那就是教研组活动，每周三进行。各年级的老师都在一起。

问：在你们教研组活动的时候，学校领导参加吗？

答：我们的副校长就是我们语文教研组的组长。

问：她每次都会参加？

答：对。校长也会来，谈谈对语文教学的认识什么的。

问：像其他类似的活动就没有了？

答：类似的，比如我们老师每个学期都会做"我们一起做研究"的一个大总结，全校老师一起交流；同课异构也有，就是几个老师同上一堂课。但这些都不是定期的，更多的是借助活动，比如听课，把这个活动搞起来。平时也在做，只不过是不声不响的。

问：有没有教师相对固定、活动有一定周期的这种？

答：有学校组织的大团体，还有每年的"教学风格研讨月"，但这些是不定期的展示，每次有一个主题。有这样的活动，这些老师就会一起研讨，其他老师参与。

在对另外一所学校教师的访谈中，笔者深深感到教师对在无拘束的宽松气氛中进行合作教学研讨的渴望，以及对目前教师工作压力大、时间紧的无奈。

问：你喜欢哪种教师研讨形式？

答：我觉得教研组组内自发的那种随机的讨论气氛更和谐，大家开诚布公，有什么说什么，也不会存在年龄、资历方面的芥蒂，各抒己见的时候大家一定会找到一个理论来支撑……

问：你觉得教师自发的活动和学校安排的活动哪个更好？

答：学校指派的活动，在老师的潜意识里可能觉得是指派的事情，这件事本来可能非常好，但由于被动，效果没有教师自发的好。

问：那你觉得老师为什么不能自发找一个时间来做？

答：比较难。因为老师每天有好几节课，如果每周都要抽出同一个时间，而学校又没有提供便利条件，这就太难了。比如学校提供每周二，但那就是学校组织的了。老师们的空闲时间很可能不一致，除非是放学以后，但下班后大家又有自己家里的事要处理，作业要批。

从这两个无结构访谈中，笔者发现：没有建立教师共同体的学校的教师也有自发研讨的愿望和行动，有模糊状态的共同体；学校推动的名师工作室建设，带动一批教师参与，其与教师共同体很接近。具有这种情况的学校有很多，因为教师自主发展是学校改革绕不过去的重要方面，不同名称的教师共同体的建设只是时间的问题。

教师共同体的建设在我国时间还不长，还是一个新鲜事物。近几年来，教师共同体在教师专业发展、教育质量提高和学校变革文化形成过程中逐渐显露其旺盛的生命力。同时，正是由于它是一个新生事物，其本身还有各种各样的不足和弱点，也还存在形式主义的地方。从学校管理的角度，如何深刻理解教师共同体的意义，如何实施有效管理，是我们需要发现和解决的重要问题。

第三节　教师共同体管理的现实图景

总的来看，目前我国中小学校很关注教师共同体的建设，学校校长充当了推动者、组织者、协调者和服务者的角色，他们在教师共同体的管理中发挥了积极作用，表现在以下几个方面。

一是倡导与组织。很多学校的校长在课程改革与教师专业化实践中认识到教师队伍作为教师共同体存在的重要意义，倡导教师共同体的建设，并在不同情境中组织和推动教师共同体的发展。如北京市中关村第三小学刘可钦*校长就是一个很好的代表。

在课程改革背景下，刘校长意识到：教师的反思意识和专业发展越来越影响到一所学校的发展和学生的成长。当前学校工作，一是需要滋养一种研究的组织文化，二是需要打造一个乐于合作的教师团队，三是需要养成一种追问教育细节的研究意识，四是需要形成一套促进学习和分享的机制。倡导教师用研究的眼光看待日常的教育实践，激发教师对教育研究的热情，引导教师聚焦课堂、研究学生，主动改进教学方式，透过对教育细节的追问，主动探寻教育规律，并在不断的分享与交流中形成共同的教育知识和教育智慧，进而在教师成长和学校发展的进程中建立一种共生的关系。

正是基于这样一种理解，刘校长积极打造合作型教师团队，用团队的成长促进教师个人的成长。该校组建的教师发展团队有：学科教研组（以教学处为组织平台的团队）、年级活动组（以德育处为组织平台的团队）、互动发展组（以工会为组织平台的团队）、课题研究组（以科研处为组织平台的团队）、项目招募组（以完成阶段性任务为目标的团队）。

其中，互动发展组以抽签的方式，将全体教师随机分成 4 个小组，将跨学科、跨年级、跨年龄和不同性格、不同兴趣、不同能力、不同职务的教师组合在一起，重点培养教师的社会技能、团队意识，让教师学会与不同的

＊ 资料来源于刘可钦在 2008 年第 5 期《中国教育学刊》发表的《促进发展：创建一个学习与发展的共同体》一文，有删改。

人交往，学会为他人服务，也学会接受他人的帮助。课题研究组以教师研究的课题为主线，将有着相同或相似研究方向的教师组合在一起，共同进行教学研究。这个组织有大有小，多的七八人，少的二三人，组内人员也是由不同学科、不同年级的教师组成，研究内容多为通识内容，如如何培养学生倾听的习惯等问题，每一个课题组都有相关的大学教师进行指导。项目招募组是围绕学校一个阶段的中心工作，发布项目要求，号召教师根据自己的爱好、能力参与项目研究进而组成小组。有的是一个大型的研讨会，如按做课组、汇报组、宣传组、主持人组的不同职责，鼓励教师根据自身的特点和本学期的研究重点进行申报。也有的是学校的一个项目，如学校的文化符号、校园的设计、家校的沟通与共享方式的研究等。教学研究组、年级活动组的垂直管理与互动发展组、课题研究组的扁平化管理形成网状的管理模式，各类团队的建立使得学校的组织建设走向多元化，而项目招募组又为不同的教师提供自主发展的机会和空间。重要的是，教师身处其中，体验到的自主、差异、合作、包容等对其教育教学行为也会产生潜移默化的影响。

该校的考核与评价也更多地指向团队，着力为学校的组织建设注入新的活力，同时也为课程改革提供良好的组织氛围。在这样一个友好、开放的共同体中，教师们的研究视角开始发生了一些积极的转变，工作的热情得到了极大的激发，每天的工作也因丰富多彩而显得更有意义。

二是思想引领，文化建构。一些学校的领导思想活跃，对于学校发展、教师专业化和教学质量的提高有很多闪光的观点。他们不仅组织、倡导，而且还积极实现思想的引领和文化的建构。

如合肥一中的教师学习共同体的建设就是在校长陈栋*的思想引领下实现的。合肥一中校长陈栋曾说过："全体一中人要树立终身学习的观念"，"中学要有点大学味"，"让学习成为习惯，让交流成为风气，让发展成为目标"……这些观念起到了凝聚思想、创新实践的重要作用。该校通过打造独具特色的"教师学习共同体"，秉承"勤研善教、启智育人"的教风，逐步

---

* 资料源自《打造美丽的"学习共同体"：合肥一中青年教师队伍建设纪实》，详见 http://www. ahedu. gov. cn/newscentre/hefei/yz_html/bao. html.

形成了一支品德高尚、业务精良的教师队伍。陈栋校长指出："我们的学习共同体，就是教师们在共同的信念和目标指引下，把大家在工作中的困惑和感悟呈现出来，将教师个体的教学经验和实践智慧外显出来，与团队成员共享，从而使青年教师迅速成长。"

该校建立了集体论课机制，形成了"一个平等的成长乐园，一个科学与民主共存的发展平台，一个团队和谐发展的家园"。通过建立集体论课机制，教师们在规定时间，设置论课主题，确立首位发言人，随后进行自由交流。在充分讨论的基础上，教师课堂教学的个性化追求得以实现。青年教师许超满认为："每一次论课都是一次思想的洗礼，都享受到多元精神碰撞与交流的快感，也给了我展示才华和能力的机会，我很享受这兼容并包的学习过程。"王勇老师认为："集体论课建立了百花齐放的自由学术思想，而不是被禁锢在'一个文本'的学术囹圄中，其更大的意义在于形成了合肥一中一个个重研究、重成长的和谐教师团队。"

学校领导通过开展教学比武活动，激励青年教师在课程改革过程中实现终身学习，促使教师共同体在改革与发展中不断成长。

该校领导也很注重学校文化与教师共同体的关系建设。学校发展名师文化，引领教师团队智慧成长。名师文化就是通过名师效应来培育教研文化，再反过来通过这种文化氛围引领处于不同专业成长阶段的教师集体成长。

学校教科所定期举办"名师讲坛"，推动书香校园建设。王勇副校长带头登台开讲，方小培、王晓平、段亦奇等许多名师随后跟进。"名师工作室"是合肥一中名师文化的创新之举。学校首批设立了六个工作室，工作室名称分别以各室负责人名字命名，由名师、骨干教师和优秀青年教师组成，以课题研究为突破口，进行学习型研究。

陈栋校长认为，名师是学校的宝贵财富，通过名师的言传身教、身体力行，把自己宝贵的教育经验毫无保留地传授给年轻老师，以名师资源带动全校科研的发展，促使合肥一中的名师从"寥若晨星"到"群星璀璨"。

学校管理者们认识到年轻教师有热情、有干劲，但也存在经验不足、对学生了解不够、课堂教学理念落后、对学校文化了解不够等问题。2007年，合肥一中开展"青蓝工程"，为青年教师提供发展平台。创建督导室，聘请一批校内外德高望重的名师，深入年轻教师的课堂，手把手地传授备课、教学、辅导等各个环节的教学心得。在教研组长主持下，导师和青年教师结成对子，通过相互听课、课题研究，在文化传承中促使青年教师的教学水平不断获得提升。荣获省级优质课教学一等奖的化学老师余志学感慨道，他的成功完全得益于该校实施的"青蓝工程"。

为了能够从整体上了解目前教师共同体管理存在的问题，厘清校长和教师在教师共同体建设与管理中的模糊认识，本研究设计了相关调查问卷，期待通过数量结构的真实数据，展开对教师共同体现实情况的分析。

本研究编制了针对教师的问卷和针对学校领导的问卷，对C市Y区5所中小学校进行了问卷调查。Y区是C市的文化中心，是C市的基础教育高地。区内共有各类中小学校56所，形成了完整的基础教育体系。本研究采取随机抽样的方法，选择了5所中小学校进行问卷调查和访谈。2010年3月，Y区教师进修学院举办校长培训班，借此便利机会，笔者在Y区教师进修学院院长的支持下，对参加培训的各位校长进行了问卷调查。以下分别从教师和学校领导两个角度来描述目前中小学教师共同体的管理情况，并提供了教师共同体管理的典型案例。

一、教师共同体的管理情况：针对教师的问卷调查

本研究在参考国内学者已有研究的基础上，结合本论文的研究问题，编制了"关于中小学教师共同体管理情况调查问卷（教师版）"。该问卷由两部分构成：第一部分是调查对象的基本信息；第二部分是封闭性问题，分为教师共同体管理的基本情况、文化维度、制度维度、技术维度、效果维度五个方面。教师问卷共37道题。问题选项采用李克特五度计分法。问卷在5所学校发放，共计142份，回收142份，有效问卷126份。

数据统计时，本研究根据分析需要，视各选项为次序变量和等距变量，并对其进行定量分析。由于本研究只运用频数分析法，不涉及因素分析内容，为此，对问卷进行了信度分析。从问卷的信度看，有学者认为量表信度系数

在 0.9 以上，表示测验或量表的信度甚佳。在社会科学领域中，一些学者认为，可接受的最小信度为 0.7。本问卷总表（37 项）的克伦巴赫系数 α（Cronbach α）为 0.943，这说明本问卷具有较好的信度。

从问卷调研结果来看，中小学教师共同体的管理状况表现如下。

（一）教师共同体管理的基本情况

表 2-1　教师共同体管理的基本情况——教师视角

题项　　　　　　选项	非常同意（%）	比较同意（%）	说不清（%）	不太同意（%）	很不同意（%）
学校的多数教师都参加教师共同体	52.8	37.5	9.7	0	0
我校有不同类型的教师共同体	51.4	36.1	11.1	1.4	0
教师共同体经常组织教学研究活动	61.1	36.1	2.8	0	0
教师共同体一般利用老师的休息时间进行活动	13.9	16.7	41.6	18.1	9.7
学校原有规章制度适应教师共同体的建设	36.1	40.3	22.2	1.4	0
我能够在活动中主动表达自己的见解	31.9	43.1	19.4	5.6	0
参加教师共同体我的出勤率很高	58.3	33.3	6.9	1.5	0
学校鼓励教师参加教师共同体	63.9	31.9	4.2	0	0

从表 2-1 中可以看出，各校都很鼓励教师参加教师共同体，占比为 95.8%。而学校中的教师共同体的形式也是多种多样，教师们可以根据自己的兴趣参加不同形式的教师共同体。教师共同体的活动也较为频繁，经常组织教学研究活动（97.2%）；教师积极性比较高，出勤率也很高（91.6%），也能在活动中主动表达自己的见解（75.0%）；有 76.4% 的教师认为学校原有的规章制度能够适应教师共同体的建设。我们从中也可以看到，教师共同体有一些活动占用了教师的休息时间，72.2% 的教师选择了同意或"说不清"，只有 27.8% 的教师选择了不同意。

（二）教师共同体管理的文化维度

表2-2　教师共同体管理的文化维度——教师视角

选项 题项	非常同意（%）	比较同意（%）	说不清（%）	不太同意（%）	很不同意（%）
我愿意成为一名优秀的教师	90.3	8.3	1.4	0	0
教师共同体是学校的一级行政组织	37.5	25.0	19.4	13.9	4.2
参加教师共同体对我自身的专业成长有帮助	61.1	25.0	9.7	1.4	2.8
教师共同体内部教师之间合作情况良好	56.9	38.9	4.2	0	0
参加教师共同体会增加我的负担	9.7	18.1	47.2	19.4	5.6
我参加教师共同体是想在专业方面获得更大的发展	43.1	47.2	8.3	1.4	0
我认同学校发展的目标	59.7	36.1	4.2	0	0
我是根据自己的兴趣自愿参加的教师共同体	43.1	27.8	25.0	4.1	0

从表2-2中我们可以看出，绝大多数的教师是很有进取心的，希望自己能成为一名优秀的教师（98.6%），教师们对学校发展的目标也是很认同的（95.8%），参加教师共同体基本上也都是为了在专业方面能够获得更大的发展（90.3%）。而且他们大都是自愿参加教师共同体的，在参加教师共同体后也确实获得了想要的结果。86.1%的教师认为参加教师共同体对自身的专业成长有帮助，对这一点非常认同的教师占到了61.1%。由此可以看出，目前教师共同体的出现与发展的确促进了教师的专业发展。多数教师都认为教师共同体是学校的一级行政组织（62.5%）；在回答"参加教师共同体会增加我的负担"这一问题时，选择同意和说不清的教师占到了75%，这与教师共同体安排活动的时间有很大关系。

（三）教师共同体管理的技术维度

表 2-3 教师共同体管理的技术维度——教师视角

题项 ＼ 选项	非常同意（%）	比较同意（%）	说不清（%）	不太同意（%）	很不同意（%）
学校支持教师共同体的发展	72.2	20.8	5.6	0	1.4
学校对教师共同体实行集中统一管理	38.9	41.7	18.1	1.3	0
学校为教师共同体提供活动场所	58.3	38.9	2.8	0	0
教师共同体经费由学校提供	43.1	34.7	20.8	1.4	0
学校尊重教师共同体的活动要求	54.2	34.7	9.7	1.4	0
教师共同体自主安排活动内容	48.6	26.4	23.6	1.4	0
学校尽力为教师共同体的活动提供时间保障	47.2	29.2	22.2	0	1.4
教师共同体负责人由学校或学校行政部门任命	40.3	34.7	19.4	5.6	0

从表 2-3 中可以看出，绝大多数的教师认同学校对教师共同体建设所做的努力，有 93.0% 的教师认为学校支持教师共同体的发展。在管理方式上，80.6% 的教师认为在教师共同体的管理上，学校实行集中统一管理。在学校对教师共同体提供必要的经费、活动地点和活动时间方面，一半以上的教师认为学校能够提供必要的活动经费、活动场所和活动时间，但也有相当一部分教师不是很认同。88.9% 的教师认为学校能够尊重教师共同体的活动要求，教师共同体能够自主安排活动内容（75.0%）。大多数教师认为教师共同体负责人是由学校领导来任命的（75.0%）。

（四）教师共同体管理的制度维度

表2-4　教师共同体管理的制度维度——教师视角

选项 题项	非常同意 (%)	比较同意 (%)	说不清 (%)	不太同意 (%)	很不同意 (%)
教师共同体内部规则是教师们共同协商的结果	45.8	33.3	18.1	1.4	1.4
学校制订了对共同体的活动要求	47.2	37.5	12.5	1.4	1.4
活动要求是在与教师协商下共同制订的	36.1	30.6	20.8	8.3	4.2
学校制订了针对教师共同体的管理制度	44.4	43.1	12.5	0	0

　　从表2-4中可以看出，学校制订了针对教师共同体的管理制度（87.5%）和活动要求（84.7%），而在活动要求和内部规则是否是教师们共同协商的结果方面，尽管大多数教师选择了是，但是仍有大约三分之一的教师选择了不同意或说不清，这就涉及教师共同体制度的合法性问题和教师对该制度的认同程度。能否获得教师对制度的认同关系到学校对教师共同体建设和发展是否具有成效。

（五）教师共同体管理的活动效果

表2-5　教师共同体管理的活动效果——教师视角

选项 题项	非常同意 (%)	比较同意 (%)	说不清 (%)	不太同意 (%)	很不同意 (%)
参加教师共同体能够激发我的研究热情	51.4	37.5	11.1	0	0
教师共同体有利于提高我的教学水平	47.2	37.5	15.3	0	0
我的问题能够在教师共同体的互动中得到解决	40.3	36.1	19.4	2.8	1.4

题项 \ 选项	非常同意（%）	比较同意（%）	说不清（%）	不太同意（%）	很不同意（%）
我能够将在教师共同体中的收获运用于日常教学	50.0	36.1	11.1	2.8	0
学生能够感受到我参加教师共同体后的变化	38.9	31.9	29.2	0	0
参加教师共同体与学生成绩的提高无关	15.3	20.8	30.6	30.6	2.7
参加教师共同体对解决现实问题没有帮助	11.1	15.3	18.1	34.7	20.8
教师共同体活动内容符合我的需求	34.7	43.1	18.1	4.1	0
参加教师共同体后我的学生确实进步更快了	30.6	38.9	29.2	1.4	0

从表 2-5 中可以看出，目前中小学教师共同体的活动效果还是得到教师们肯定的。绝大多数教师认为参加教师共同体能够激发自身的教学研究热情（88.9%），有助于提高自己的教学水平（84.7%），多数教师的问题能够在教师共同体的互动中得到解决（76.4%），但仍有 23.6% 的教师不认为自己的问题能够在教师共同体的互动中得到解决，这说明我们教师共同体在活动选择、安排和形式上还有待提高，特别是互动的范围，要使更多的教师能够得到有针对性的帮助。在是否能够将教师共同体活动中的收获运用于日常教学方面，有 86.1% 的教师选择了能够运用于教学。而在教师共同体活动的最终指向方面，也就是对学生的学习指导方面，有 70.8% 的教师认为学生能够感受到教师参加教师共同体后的变化，69.5% 的教师认为自从自己参加教师共同体后学生的进步加快了。也就是说，教师参加教师共同体后提高了自身的教学水平，提高了教学质量，并且直接提高了学生的成绩。但在"参加教师共同体与学生成绩的提高无关"这项中，66.7% 的教师都同意是或说不清，这说明很多教师在对教师共同体活动的最终指向方面还存在认识上的不足。

二、教师共同体的管理情况：针对学校领导的问卷调查

本研究设计了针对学校管理人员的"关于中小学教师共同体管理情况的调查问卷（学校领导版）"。该问卷由两部分构成：第一部分是调查对象的基本信息；第二部分是封闭性问题，分为教师共同体管理的基本情况、文化维度、制度维度、技术维度四个方面。学校领导问卷共有 28 道题。问题选项采用李克特五度计分法。问卷共发放 50 份，回收 50 份，有效问卷 50 份。

数据统计时，本研究根据分析需要，视各选项为次序变量和等距变量，并对其进行定量分析。这里也对问卷进行了信度分析。本问卷总表（28 项）的克伦巴赫系数 α（Cronbach α）为 0.827，说明本问卷具有较好的信度，是一份有效的调查问卷。

从问卷调研结果来看，中小学教师共同体的管理状况表现如下。

（一）教师共同体管理的基本情况

表 2-6　教师共同体管理的基本情况——校长视角

选项 题项	非常同意 （%）	比较同意 （%）	说不清 （%）	不太同意 （%）	很不同意 （%）
学校的多数教师都参加教师共同体	22.7	45.5	22.7	9.1	0
我校有不同类型的教师共同体	25.0	45.5	15.9	11.4	2.2
教师共同体经常组织教学研究活动	25.0	56.8	11.4	4.5	2.3
教师共同体一般利用教师的休息时间进行活动	13.6	31.8	15.9	34.1	4.6

通过表 2-6 我们可以看出：在学校领导看来，学校的多数教师都能参加学校中不同类型的教师共同体，教师共同体经常组织教学研究活动。学校领导认为，教师共同体的活动有可能会利用教师的休息时间，也有可能在工作时间，但是回答会利用教师的休息时间的校长比重比较大。如何减轻教师的负担，把教师的休息时间还给教师是一个重要的问题。因此，学校领导应该合理调整教师共同体的活动时间，防止因为时间问题而阻碍教师参加教师共同体。

（二）教师共同体管理的文化维度

表 2 -7   教师共同体管理的文化维度——校长视角

题项＼选项	非常同意（%）	比较同意（%）	说不清（%）	不太同意（%）	很不同意（%）
我愿意成为一名优秀的领导	79.5	20.5	0	0	0
教师共同体是学校的一级行政组织	18.2	18.2	9.1	36.4	18.1
教师共同体建设对学校发展很重要	70.5	25.0	4.5	0	0
参加教师共同体能够激发教师研究热情	29.5	54.5	11.4	4.5	0
教师共同体有利于提高教学质量	59.1	38.6	2.3	0	0
教师共同体能够让我和教师们的关系融洽	43.2	47.7	9.1	0	0
教师对学校规章的认同很重要	59.1	36.4	4.5	0	0
教师认同学校发展的目标	50.0	38.6	11.4	0	0
教师共同体内部教师之间合作情况良好	9.1	59.1	29.5	2.3	0
参加教师共同体会增加教师的负担	2.3	18.2	27.3	40.9	11.3

从以上调研结果中我们可以看到，学校领导都愿意成为一名优秀的领导，并努力朝着这个方向发展。在教师共同体方面，45.5%的学校领导说不清或认为教师共同体是学校的一级行政组织。大多数学校领导都认识到了教师共同体对于提高教师教学质量和促进学校发展的重要性，重视培养教师对学校文化的认同感，并认为教师共同体能够激发教师的研究热情。教师共同体的活动使学校领导和教师共同体中的成员的关系更加融洽了，教师共同体不但增加了教师与教师之间的互动交流，而且也加强了学校领导与教师之间的合作与沟通。此外，有高达 88.6% 的校长认为教师对学校的发展目标非常认同。

（三）教师共同体管理的技术维度

表2-8　教师共同体管理的技术维度——校长视角

题项＼选项	非常同意（%）	比较同意（%）	说不清（%）	不太同意（%）	很不同意（%）
我经常领导教师共同体活动	22.7	52.3	15.9	6.8	2.3
学校对教师共同体实行集中统一的管理	6.8	40.9	13.6	29.5	9.2
教师共同体内部规章是教师们共同协商的结果	38.6	40.9	13.6	6.9	0
我经常听取教师共同体的汇报	15.9	50.0	18.2	15.9	0
对话是我在管理过程中常用的方式	40.9	50.0	9.1	0	0
学校为教师共同体提供活动场所	52.3	43.2	4.5	0	0
教师共同体经费由学校提供	27.3	47.7	11.4	6.8	6.8
学校尊重教师共同体的活动要求	45.5	52.2	2.3	0	0
教师共同体应自主安排活动内容	31.8	59.2	4.5	4.5	0
学校尽力为教师共同体的活动提供时间保障	40.9	45.5	11.4	2.2	0
教师共同体负责人由学校领导或由学校行政部门任命	6.8	27.3	11.4	36.3	18.2

　　根据以上调研结果我们发现，多数学校领导会经常领导教师共同体活动（75.0%），并会对各类共同体进行集中统一管理，会定期听取教师共同体的活动汇报。多数学校领导认为应该让教师共同体自主安排活动（91.0%），应该为教师共同体提供活动场所（95.5%）、时间保障（86.4%），以及经费支持（75.0%），并要尊重教师共同体的活动要求（97.7%）。学校领导在对教师共同体进行管理的时候普遍使用对话的方式（90.9%），并且多数学校的教师共同体的规章制度是教师之间协商制订的（79.5%），有半数学校领导认为教师共同体的负责人不应由学校领导或由学校行政部门任命（54.4%）。

（四）教师共同体管理的制度维度

表 2-9　教师共同体管理的制度维度——校长视角

选项 题项	非常同意 （%）	比较同意 （%）	说不清 （%）	不太同意 （%）	很不同意 （%）
学校原有规章制度适应教师共同体的建设	18.2	40.8	20.5	18.2	2.3
学校制订了教师共同体的活动要求	15.9	40.9	25.0	9.1	9.1
学校制订了针对教师共同体的管理制度	18.2	52.3	13.6	9.1	6.8

根据以上调研结果我们发现，59.0%的学校领导选择了学校原有规章制度适应教师共同体的建设，41.0%的学校领导选择"说不清"，或认为原有的学校规章制度不能适应教师共同体的建设和发展。56.8%的学校制订了教师共同体的活动要求，并且有70.5%的学校专门制订了针对教师共同体的管理制度。

以上就是目前我国中小学教师共同体的管理状况，从中我们可以清晰地发现其中存在的一些问题。

三、当前教师共同体建设中存在的问题

从以上调研结果可以看出，目前我国中小学内部形成的教师共同体运行情况基本良好，学校对教师共同体的建设比较重视，也深知教师共同体对提升教学质量和促进学校发展所发挥的作用，在建设的过程中也尽可能在教师共同体的活动时间、空间和经费上给予保障。教师也对学校的努力给予肯定。但是，在教师共同体建设过程中仍然存在着一些亟待解决的问题，如果不解决这些问题，必将不利于教师共同体的进一步建设和发展，进而影响到教师的专业发展和学生的健康成长。

1. 对教师共同体的认识不清晰

很多学校领导和教师，包括教育行政部门虽然对教师共同体有些了解，

但往往是望文生义，仍有许多认识模糊的地方。最突出的表现就是不明白究竟什么样的组织形式才算是共同体，认为共同体就是学校的代名词，是科层制结构的一部分，是学校的一级行政组织。这类模糊认识不利于教师共同体的成长，更无法达到善治。这是当前学校管理面临的一个急需解决的实际问题。

我们可以分别从教师问卷和学校领导问卷中看到，有62.5%的教师认为教师共同体是学校的一级行政组织，19.4%的教师不清楚教师共同体是否属于学校的一级行政组织。45.5%的学校领导说不清或认为教师共同体是学校的一级行政组织。这实际反映出了很多学校领导和教师不知道教师共同体究竟是何种组织，这种情况对学校领导来说危害很大。从另一个角度来看，在学校领导中，有54.5%的领导认为教师共同体不是学校的一级行政组织。那么在学校领导明知教师共同体不是学校的一级行政组织的情况下，多数教师却不清楚，这反映了学校领导平时在管理时采取的方式是存在问题的，没有让教师真切地感受到教师共同体的与众不同。而学校领导的这种做法也反映了他们自身对教师共同体认识的不清晰，没有完全意识到教师共同体的重要性以及管理方式变革的迫切性。

2. 关于教师共同体的规章制度不健全

教师共同体是一种新出现的教师专业发展形式，需要相应的规章制度对其进行规范、扶持，促进其健康快速地发展。而我们的一些学校，面对这种新生的教师专业发展形式并没有做出必要的应对措施。从调研中我们发现，有半数以上的教师对目前的制度比较认同，但也无法忽略剩下那部分教师的感受。也就是说学校在教师共同体规章制度建设方面依然存在问题，教师对规章制度的质疑，直接影响到规章制度的合法性问题。这里所指称的合法性是社会秩序和权威被自觉认可与服从的性质和状态，而非法律意义上的"合法"，它与法律规范没有直接关系。没有相关的具有合法性的规章制度的建设，就无法真正让教师认可学校对教师共同体的管理方式和管理规则，严重时可能会引起教师对学校管理的抵触情绪，影响教师共同体的健康发展。

学校领导对现存学校制度究竟适不适应教师共同体的健康发展，能否有助于建立一个适应教师共同体发展的良好环境的看法比较模糊。在针对学校领导的问卷调查中，41.0%的学校领导选择说不清，或认为原有的学校规章制度不能适应教师共同体的建设和发展。56.8%的学校制订了教师共同体的活动要求，并且有70.5%的学校专门制订了针对教师共同体的管理制度。

3. 领导角色单一，缺乏有效的领导方式

要想促进教师共同体健康发展，学校领导需要为教师专业共同体提供支持性条件。这就要求学校领导要转变单一的行政领导角色为多重角色——领导、同事、共同体成员或者共同体的促进者等。而很多学校的领导都忽视了这个问题，这使得教师共同体成员与学校领导之间总是有一种隔阂感。学校领导总是以领导的身份来视察教师共同体的活动，表示自己对教师共同体活动的关心，而不能够以一名普通的教师共同体成员或同事的身份来真正参加一次教师共同体的活动，想教师共同体成员所想，思教师共同体成员所思，真正地与大家融为一体，了解教师共同体中教师们的困惑、疑问以及遇到的问题。只有民主、有效的领导方式才能够增加教师共同体成员互相学习、相互合作的积极性。

4. 行政手段干预过多

有些领导以为自己非常了解教师们的需求，自作主张地为教师共同体安排活动，或请来专家讲一些自认为很有用、教师们会很愿意听的课程。但事实上，安排的内容可能并非教师真正需要的，或者由于其对教师共同体独立活动的干预，导致领导安排的内容不管是否有用，教师们都存在抵触情绪。有的学校领导对教师共同体的活动总是用行政命令进行干涉，严重地挫伤了教师的自主发展热情，影响了教师共同体的健康发展。在对教师的一对一访谈中，有些教师不无埋怨地谈道："搞这种培训形式（指学校领导自己安排专家讲课），还不如多给我点教学时间。甚至有些学校请来的所谓专家在讲座过程中感觉就是来糊弄事儿的，一次课讲完后回头想想实际内容没讲多少，长期这样下去好多教师都在下面判卷子、批改作业，没什么人听。"

5. 授权的程度不够

从调研中我们可以看出，在给予教师共同体自主发展空间方面以及对教师共同体自身活动的尊重方面，尽管超过半数的教师都对学校在这两方面的表现给予了肯定，但同时也有很多教师表现出了不甚满意。教师共同体自身具有专业性，是一种专业性组织，具有学校内其他组织所不具备的特点。这种组织表现出一定的独立性，需要自己管理职能范围内的事情。因此，面对专业性组织，最好的管理办法就是领导要把相应的权力放给它们，让它们自己管理自己，并给它们创造适于发展的环境。如果学校在什么事情上都预先安排好，在教师共同体的身上强加严格的规则，反而会束缚教师共同体的手脚，使它无法获得充分发展。

6. 合作程度不够

合作是教师共同体运行的基础，也是学校对教师共同体进行建设、促进其发展的基础。如果没有合作，一切都无从谈起。从调研中我们发现，尽管多数教师认为教师共同体内部的成员之间在合作方面很融洽，合作关系良好，但是仍然有很多教师（23.6%）在"我的问题能够在教师共同体的互动中得到解决"上选择不确定或不同意。这说明，在教师共同体的活动中，教师之间互动与合作的深度不够，可能表面上看大家都在说，都在讲，都在谈论自己的问题，但结果却不一样。我们在教师共同体中强调的合作是富有成效的合作，是能够真正激发教师自主发展热情的合作。教师共同体建设之初存在这种问题，主要是与共同体内部共享的价值观和文化没有完全形成，教师的观念没有完全转变，有些教师还存在着"要有所保留"的心态等有关。

7. 习惯于制度的正式安排，忽视制度的非正式安排

新制度主义期待人们将制度的应用范围从单纯地约束人们的社会行为及其结果的基本假设中解放出来，将其看作是镶嵌在既有意义系统中的一套相对完整的规则系统和有组织的实践行为，它们在面对外界环境变化及个体偏好时保持相对的韧性。[①] 新制度主义对非正式制度安排也非常重视。在学校管理中，领导往往重视具有约束力的规章制度的建立与执行，重视教师评价的刚性指标，长官意志多；而对于思想、意识形态、情感、意志、愿望这些按新制度主义理论所讲的非正式安排关怀不够，管理缺乏柔性。对教师专业发展来讲，注重发挥教师的主体意识尤为重要。在这种情况下，管理者尤其

---

① Rhodes, Bingder and Rockman. The Oxford Handbook of Political Institutions [M]. Oxford：Oxford University Press，2006：3 – 20.

要把非正式安排纳入决策视野，为教师专业发展提供良好的环境。

　　传统意义上的学校规章制度严重阻碍了教师共同体的健康发展，限制了教师共同体在教师专业发展、学生学习和学校改进方面所应有的影响。如何解决这些问题，释放出教师共同体的巨大能量，成为了一个不可回避的问题，也是本研究所要解决的核心问题。本研究借鉴治理理论的合理内核，结合对教师共同体现状和问题的挖掘，构建了针对教师共同体的分析框架。

第三章

分析框架：教师共同体治理的五维度考察

从 20 世纪 90 年代开始，治理理论获得了迅速发展，应用领域从经济、政治延伸到社会、教育、文化等众多方面，研究视野从宏观层面深入到中观和微观层面。但总的来说，治理理论是以网络关系为视点，以自主自治为基础，以对人的理解和尊重为价值取向，以非正式制度安排为重要内容的跨学科理论体系。

以治理理论观照教师共同体管理，首先就有一个如何对待国外理论的问题，包括前面阐述的共同体理论。本研究认为，中国作为一个发展中国家，在管理方面，包括教育管理方面，借鉴西方的理论研究成果是完全必要的，这也是本研究的一个重要前提。"现代性西方文化（从地方走向世界，变得较为抽象和具有国际适用性的部分）……既是西方的，同时也是世界的或全人类的。现代化与西方化、现代性与西方性在许多地方确实难解难分。要现代化，要接受现代性，东方文明就必须容纳西方文化

（作为现代性的已成为世界文化成果的西方文化）"①，这一观点值得我们深思。

治理理论是公共管理领域兴起的一种新的管理理论，虽然该理论在我国尚没有深入中小学管理研究与实践操作之中，但这并不表明治理理论只适用于政府和企业，实际上它也包含很多一般性、区域性组织的分析内容。

治理理念是治理思想、治理宗旨、治理意识等一整套观念性因素的综合。在治理过程中，持什么样的治理理念，就会采用什么样的治理模式和治理手段，从而产生什么样的治理结果。治理理念的变革与创新促使人们的治理思维从封闭走向开放，从静态走向动态，从单一性走向多样性和全面性，从直线性走向立体性，从孤立性走向协调性，从经验性走向理性，促使人们形成开放、超前、创新、科学的治理思维。应确立知识化治理和人性化治理的观念，使市场竞争与合作相统一，经济效益与社会效益相统一，对人的治理与对物的治理相结合，以适应治理实践的变化并指导治理实践。

社会组织的治理内容包括利益相关者问题、多元主体问题、分权与赋权问题、委托—代理问题、契约问题等。这些问题并不是政府和企业所独有的，学校组织内部同样也存在这些问题，即治理逻辑都是相同的。因此，治理理论之于中小学教师共同体管理是适用的。

中小学教师共同体作为近些年新兴的一种教师专业发展形式，教育学界已经对其做了很多梳理性的研究，但是很少专门从学校管理的角度，特别是从治理理论的视界来探讨教师共同体建设的问题。本研究把治理理论与中小学教师共同体联系在一起思考，尝试提出教师共同体治理的五大维度，即教师共同体治理的思维方式、决策关怀、行动哲学、价值取向和有效边界，并对这五个维度进行诠释。

---

① 苏国勋，张旅平，夏光. 全球化：文化冲突与共生 [M]. 北京：社会科学文献出版社，2006：187.

第一节　网络关系：教师共同体治理的思维方式

网络关系是治理理论的一个核心内容。在治理浪潮中，"只有网络治理才有新的特征"①，成功治理的关键在于实现有效的网络治理。网络治理以其深刻的内涵为教师共同体的治理打开了全新的视野。网络关系与以往垂直的、线性的管理关系具有根本性区别。网络治理填补了宏观的整体研究方法与微观的个体研究方法之间的空白，是弥合两种研究方法间的裂缝与紧张关系的一种尝试与努力，因此网络治理一开始就被贴上中观分析方法的标签。在传统理论中，多元主义过分强调利益集团对政策的影响力而忽视了政府在政策形成过程中的自主性和自利性，对政府与利益集团的相互依赖关系视而不见。而法团主义十分重视政府在政策形成过程中的自主性和自利性以及政府与利益集团的相互依赖关系，但忽视了不同利益集团之间在公共政策形成过程中的竞争与博弈关系。

一、治理理论中网络关系的基本含义

网络关系中的网络是一种具有结点、洞眼和环路特点的结构化形态，是分析社会自组织状态的重要视点。中小学管理在传统上只看重以校长为首的领导团队的作用，重视行政的作用，而忽视教师的主体地位和主体作用，经常是把教师看成是看管的对象，是客体，甚至是工具，过度地依赖自上而下的、科层式的管理。这种管理体现的是领导的意志与权威，教师被动听命，缺乏创造的热情和自主发展的积极性。这种主客二分的管理思维方式，成为了教师专业发展的障碍。教师专业发展的一个重要内容就是承认并尊重教师的主体地位，将自主发展作为教师专业发展的根本动力。而在由学校校长、副校长、教导主任、教研组长，再经过备课组到教师的行政化的垂直管理体制中，教师处在管理链条的最低位置。这种行政化的管理模式，以及这种管

---

① Kohler, Eising. The Transformation of Government in the European Union [M]. London: Routledge, 1999: 5.

理模式内涵的主客式管理思维方式，虽然扩大并增强了学校行政部门的职能，但代价是惨重的，它让教师专业发展的自主性逐步丧失。

教师共同体治理则是从网络关系的角度来看学校的管理问题，把教师共同体与学校各级各类组织看作是共处于一个大的网络之中的不同结点，它们彼此相连，互相依赖，平等相处。这种思维方式要求学校管理者将学校管理部门、相关组织和教师共同体的多重复杂关系纳入管理视野。

学校网络关系中的结点既有校长、教导主任这些领导人员，也有处于教学一线的教职员工。在网络关系中，每一个结点都是一个主体，网络关系的实质就是网络结点中的各种人员和组织互为主体。网络治理与政府的实质理性及市场的程序理性不同，它以理性反思为基础，通过对话和反思，不断调整管理模式，借助平等协商达成共识。这也是网络中的各个结点建立信任、实现合作的过程。

对教师共同体采取网络治理方式也是由教师共同体自身的性质决定的。教师共同体是一种具有很强专业性和自主性的教师团队。教师共同体成员在共同体内部互相交流，坦诚相待，拥有相同的信念，追求共同的事业，构成一个联系紧密的有机体。教师共同体不仅具有一致认可的文化历史传统，包括共同的目标、协商的机制，而且个体与个体之间形成了相互依赖的关系，每个个体都在系统中获得了身份认同。教师共同体面对教学研究的需求，重视合作与对话，重视分享与共赢，是一个有机组合的团队，它有共同的愿景、互相理解和分享的思维方式、共同的教学研究活动，并拥有专业发展的集体记忆与特有的话语体系。

二、建立网络关系思维方式的意义

教师共同体是学校内部教师专业自主发展、社会性发展和教学实践发展的重要力量，其建立与发展意味着教师专业发展从外控式的被动发展转向内生式的自主发展、合作发展。教师专业发展是教师在主体意识和创造力等方面的提高与进步。教师专业发展是内生性的，任何外在的条件和激励，都不能代替教师的自我觉醒。教师以及教师共同体需要有自主发展的时间和空间。创造性劳动需要自由思考的空间，需要主体间的平等交往，而非仅仅是自上而下的命令式的管理。

教师发展作为创造性劳动的一部分，自然需要自由思考的空间。行政管理过多的束缚，不利于教师共同体深入、有效地开展活动。学校应当重视教师的自主发展，包括自主研究、自主学习和自主思考。如果教师发展的一切工作由学校或上级教育部门安排得满满的、紧紧的，甚至是不切实际的，那么教师发展就会走向反面，教师共同体就会失去创造的自由，失去发展的激情和工作的积极性，最终失去自我存在的必要性。

因此，针对教师共同体这样一个特殊的教师组织，这样一个促进教师专业发展的新形式，必须对学校传统的以科层制为基础的、下级服从上级的、垂直的行政主义的管理理念作出相应的变革，以适应教师共同体发展的需求，适应教师自主发展的需要。而治理的理念正好契合教师共同体对管理的这种新要求。

教师共同体治理的网络关系思维方式与传统管理思维方式的最大不同就是变"主体—客体"的关系为"主体—主体"的关系。这是一个重大的转变，这种转变除强调治理主体的多元化外，还强调治理过程中学校和教师共同体之间的双向互动，以及多个治理主体之间的相互影响。传统的学校管理是通过运用行政权威对学校进行自上而下的单一向度的管理，而教师共同体因为治理主体的多元和治理过程的复杂，使得学校和教师共同体之间的合作成为可能和必要，治理的过程成为一个学校与教师共同体的双向互动、相互影响的过程，教师的力量在治理中的作用日益增强，不再像过去任由学校摆布，而是自下而上对学校产生着重要的影响。同时，学校行政部门和教师共同体通过合作、协商，共同对教师共同体事务进行管理。在教师共同体治理过程中，主体的多元化促使治理过程中权力的运行向度是多元的、相互的，而不是单一的和自上而下的。在学校内部，学校与教师共同体等社会组织群体共同构成了相互依存的治理体系。这种治理体系强调行为者之间的对话与合作。

传统的学校管理依赖于规则和奖励，并以此驱动教师获得专业发展，是以"主体—客体"的关系为思考前提的。而以网络关系为思维方式的教师共同体则是从"主体—主体"的角度思考管理者与管理对象的关系。人们的发展动机来自于自身的网络参与和伙伴关系，也就是他们在互相尊敬和共享学习情境中形成的与他人之间的关系。① 以网络为视点的治理模式成功地指出了一条教师共同体管理的路径。它作为一种治理方式以及管理者的思想资源，对促进教师共同体的发展发挥着积极的作用。

对教师共同体的治理很重要的一点就是学校领导不要直接干预教师共同体事务，尤其是不干预网络中各组织达成目标的途径和机制，学校要留给各组织和教师更大的自由活动空间。

思维方式与决策结果有直接关系，网络式的思维方式和思维视野，有助于管理者摆脱传统管理的负面影响而走向管理的新境界，使产生科学合理的决策成为可能。教师共同体的治理首先要形成网络关系的思维方法。其次，学校的领导要做好和教师共同体以及教师平等交流与联系的准备。最后，在彼此的合作与研讨中，学校管理者形成更有利于教师自主发展以及促进学校改进的治理决策。

三、形成网络关系思维方式的行动指向

学校管理者要形成这种全新的思维方式，就需要行动。也就是说，这种思维方式即使浸透于所有的治理维度中，但是如果没有转换为行动，它也是没有意义的。治理理念下，形成网络关系思维方式行动策略包括以下几个方面。

（一）变革思维方式

改变传统科层制中的上下级关系。在网络关系中，决策主体在各自的领域里都拥有决策的自主权。教师共同体在教师专业发展中要有自己的自主性和独立性，要有回应的决策权，如果不改变传统的上下级式的思维方式，就无法实现教师共同体自主发展的愿望和追求。

---

① Stoker. Public Value Management: A New Narrative for Networked Governance? [J]. American Review of Public Administration, 2006, 6 (1): 41-57.

（二）提高对网络关系的认识

网络关系这种思维方式的实践转变是有效治理公共事务的能量源。治理关系鉴于社会事务的复杂性而拥有多重属性，包括相互渗透、相互依赖、相互对立，从网络关系上看，没有哪一个结点上的主体能够拥有足够的资源而独立处理公共事务。因此，网络关系这种思维方式就会形成一种核心优势，通过各主体之间的最合理的结合形成一种优势互补的、相互匹配的、优势激增的整体管理格局，且释放出巨大的能量。校长应当认识到：在学校这个网络中，既不是校长，也不是中层干部，能够拥有解决学校所有问题的资源，更谈不上仅靠他们就能够实现教师的专业发展，其实教师才是学校的主体。在基础教育课程改革中，有一种认识误区，以为教师应该是改革的对象，特级教师是改革的特大障碍，这是一种非常有害的思维方式。没有教师的理解和参与，任何一种教育改革都不可能获得真正成功。有人说，教师是教育改革的潜在领导者。从微观上说，没有教师的"我要发展"的自主愿望和自主行动，没有教师这个主体的参与、决策，就不可能有教育改革的深层次推进。所以，以推动教师专业发展为宗旨的教师共同体本身就应该是学校网络中一个具有主体地位的网络结点。也就是说，校长和教师共同体之间的关系应该是主体与主体之间的关系，只有拥有这种思维方式，才能适应教育改革的需要，才能为教师共同体的建设，为整个学校的发展提供一个有希望的前景。

（三）注重主体的个性发展

在权力分散、组织间疆界不断融化的今天，那种整齐划一、包治百病的管理方式和行为必须转变成强调主体意识、突出主体特点的思维方式和行为模式。网络关系就是一个多主体的关系，或者说是多中心的关系，如果按照传统的思维方式，按照统一的步调前进，整个网络就会还原成传统的、单一的、集体化的"个体"。因此，网络关系思维方式的建立为建立健康的多主体关系提供了良好的社会环境。

要形成网络关系的思维方式，校长就应当不断地激励教师共同体开展具有自身特色的活动，促使教师形成具有个性特点的教育经验、教学风格，形成符合自己专业发展的特有道路。如此一来，教师共同体才能够为教师的专业发展以及学校的发展发挥积极作用。

第二节　非正式制度安排：教师共同体治理的决策关怀

制度在治理活动中发挥着十分重要的作用，所谓"没有规矩不成方圆"。长期以来，我们关注的主要是看得见摸得着的、有形的制度安排，并把这种制度安排，看成是实施治理、提高治理效率的重要途径。由于人们习惯于正式制度安排，而致使非正式制度安排在管理中成为一个被忽视的领域。但是，正式制度作为一种正规的、有形的制度安排，有一个重要的缺陷，就是对意识形态、道德观念、风俗习惯等人文因素无法规定，这种缺陷随着社会信息化、网络化、民主化的发展而日益显露。新制度主义经济学转而关注非正式制度安排，简称非正式安排。

一、非正式制度安排的基本含义

按照治理理论的观点，制度是约束人们行为及其相互关系的一套行为规则。但是这种制度与传统意义的制度是不一样的，它将非正式制度纳入制度视野。相对于具有强制力的法规、法律和政策这些正式制度，非正式制度是指自发形成的，包括具有持久生命力的文化传统、道德观念、价值取向、伦理规范、风俗习惯、意识形态等。这些非正式制度是一种制约人们行为、调节人际关系的内在的、精神的或心理的约束。"在非正式制度安排中，意识形态居于核心地位，因为它不仅可以在一定程度上包容价值信念、伦理道德等其他非正式制度因素，而且还可以构成某种正式制度的先验模式。"①

作为以培养人为主要活动的学校，这种非正式制度安排就显得更为重要。教师共同体治理就应该给予非正式制度安排以极大的关注。在学校治理过程中，校长要促进教师专业发展，使教师踊跃地参与教育教学的反思与研究，

---

① 罗能生．非正式制度安排与中国经济改革 [J]．学习与探索，1998（1）：35-40.

但是如果对教师的道德伦理、价值取向、思想意识不甚了解，对学校积淀下来的文化传统没有一个深刻的把握，那么就没有办法与教师共同体成员进行心灵上的深层次沟通，达不到互相理解的目的，也没有办法发挥领导的权威去克服那些非正式制度中的负面影响，如不良的行为习惯，金钱至上的价值取向，更没有办法用先进的教育理念对教师专业发展进行规范、引领，促进教师共同体的建设。

非正式制度具有自发性、普遍性、非强制性等特点。非正式制度的自发性是指人们出于自己所背负的文化，包括意识形态、伦理规范和风俗习惯等，而自发产生的行为规则，不是来自于理性的计算。非正式制度的普遍性使其弥漫在社会生活的各个角落，充盈着人类社会的全部空间。非正式制度作用的广度是正式制度远不可及的。非正式制度的普遍性是社会积累的结果，不是人为造成的。非正式制度的第三个特点是非强制性，它不是由权威部门制定的，也不是靠权威部门推行的。非正式制度因为是非强制性的，所以感觉它是无形的，但是一种真实的存在，然而常常被人们忽视。强调非正式制度的非强制性特点，就是想指出在治理视野下这种无形的、非强制性的制度安排更应受到特别的关注。

二、非正式制度安排的意义

教师共同体治理是对专业团队的治理，采取的方式和方法必然需要与教师共同体本身工作和思考的方式相一致，这样才能够更加有效。在大多情况下，一个专业的团队往往受到社群主义的巨大影响。社群主义以伙伴关系和共同目标为组织基础，强调成员间的相互尊重，以同辈群体肯定的价值立场为行为标准。因此，在这种情况下想通过强加严格的规则或设置简单的激励措施来对其进行改变是行不通的。这就需要我们转换一种方式、换一个角度对这个专业环境中人们所产生和形成的世界观、价值观、意识形态和在实践中形成的行为准则进行了解，然后寻求与专业群体中的成员进行合作。这是最理想的治理方式，即采取非正式的制度安排。这种方式不但能够减少正式制度强制执行的成本，而且其对所处专业环境中意识形态的认同还能够形成一种巨大的行为激励，促使人们自觉地遵循正式制度安排，从而大大减少了正式制度实施时的阻力。

教师共同体治理应当关注正式制度安排以外的非正式制度安排，特别是对多元文化的理解和尊重，对不同人群的特色文化的重视。教师共同体受到所处社会背景的影响，这也是学校管理者应当重视的，因为教师共同体的社会关系及其所持的世界观对于治理决策的形成十分重要。

教师共同体本身就是非正式制度安排的一种体现，其反映了教师自主发展的意志。中小学校以往的各种制度安排构成了传统管理的框架，而教师共同体的出现打破了这一框架，研讨教育教学问题，促进教学相长，成为教师共同体的生活方式，也是它们的特有文化。教师成为研究者是对教师专业工作性质的反映，是对教师主体地位和教师缄默知识意义的确认，是教师缄默知识和概念文化的沟通，使教师从缄默知识中不断创生出新的教育教学知识。教师共同体的主要目的是探讨日常教学中的困难和麻烦，成员之间相互启发，促进彼此意义行为的产生。这是一种在实践中，通过实践，为了实践的研究。这种研究工作正是福柯所说的"耐心的田野劳作"。这样的研究工作有助于促进教师共同体内部成员的反思，有助于增进教师对教学、学生的理解，有助于推动学校改革。学校必须了解教师共同体的文化，面向中小学教育实际，着眼于鲜活的教学现实和教师内在的精神力量，充分认识与尊重不同教师共同体的潜力，认识到它们的差异，并把这种差异看成是形成具有不同教学风格的专业发展力量。

因此，对教师共同体的治理要充分考虑到非正式制度安排，充分了解广大教师内部，教师共同体内部那些经常起作用的，或者会产生问题的文化层面的东西。同时，作为校长还应该自觉地发挥文化、道德、价值、意识形态这些非正式制度在心理和精神方面的作用，使得这种非正式制度逐渐渗透到学校的各个方面，渗透到教师共同体中，渗透到每个教师的心里。

非正式制度安排在促进教师专业发展方面具有重要意义。这些意义可以归结为以下三点。一是凝聚意义。非正式制度是由校长和师生长期交往形成的，其中一些文化传统、意识形态和集体记忆能够强化学校和教师共同体之间、校长和全体老师之间的认同感，具有凝聚作用。二是导向意义。学校的非正式制度含有我们国家对教育的基本要求、学校的主流价值取向以及对教师评价的标准，因此，这种非正式制度就为教师共同体以及广大教师思考问题和行为活动提供了参照规范。如果非正式制度安排得到教师共同体的认同，那么就会成为鼓舞教师自主发展的动力。三是规范意义。学校的非正式制度往往表现为时间上前后相传的习惯和行为方式，这些习惯和行为方式是一个学校所特有的。学校领导关注非正式制度，就能够在促进教师专业发展的工作中，把非正式制度转变为广大教师成长的行为规范。很多有悠久历史的学校会利用本校积淀下来的历史文化以无形的方式指引教师共同体和教师的发展。

三、实现非正式制度安排的行动指向

《教育规划纲要》对学校制度创新给予了高度的重视，对学校内部教师共同体的治理也是对学校制度的创新，其创新点就在于对非正式制度的关注。在促进教师专业发展、推动基础教育课程改革的过程中，教师共同体可以发挥重要作用，但是有一个前提，就是要给予非正式制度以充分的关切。

首先，发挥道德规范作用。当前，校长应积极发挥道德规范的作用。道德规范不是一种硬性制度，但是它可以把所有人的良心放在道德的天平上加以衡量，会促使学校所有成员自我反省。教师的道德规范是以非正式制度的方式发挥作用，促进教师专业发展的。

其次，塑造健康的共同体文化。塑造健康的共同体文化，推动教师的合作与发展。非正式制度安排是一种"软约束"，以无形的力量推动教师共同体的发展。教师共同体是一般教师文化和特色教师文化的携带者，必须使传统的正规制度承认并容纳教师共同体的文化，而对教师共同体文化的探讨是实现学校领导者对其理解的重要一步，学校治理制度的建设必须有利于充满创造力的教师共同体文化的生存和发展，必须有利于对共同体文化的滋养，并形成正反馈关系。

学校领导要紧紧抓住这个"软约束"的力量，在与教师共同体对话与沟通中形成一种符合育人要求的、有利于教师专业发展的、共同的价值标准、道德品质和文化观念。这种选择是塑造教师共同体文化乃至整个学校组织文化的首要问题。

再次，摒弃不良的非正式制度。在对教师共同体的治理过程中，学校在对非正式制度关切的同时，还应当以清醒的头脑抵制那些拜金主义、虚无主义、人情至上等不良的非正式制度。学校处在社会变革的大环境中，在市场经济大潮的裹挟下，一些消极的思想道德观念会侵入学校机体，同样也会影响到教师共同体的建设。因此，校长要建设并发挥教师共同体的作用就必须旗帜鲜明地抵制那些不健康的非正式制度。

最后，将正式制度和非正式制度有机地结合起来对教师共同体进行治理。治理理论看重网络各结点的主体关系，虽然表达了对非正式制度的极大关切，但并不是要抛弃正式制度。正式制度依然是十分重要的。在教师共同体治理中，校长既要发挥非正式制度无形的鼓舞与约束的功效，也要根据我国有关的法律制度和教育政策以及学校情况，制定有关教师自主发展的专门制度，并加以实施。只有实现正式制度与非正式制度的紧密结合，才能实现对教师共同体的有效治理。

非正式制度不同于单纯依靠行政手段强加于教师共同体的正式规则，这一治理方式体现了学校管理者对教师共同体的关怀，体现在对教师共同体内部文化的宽容和理解上。

第三节　有限自治：教师共同体治理的行动哲学

治理意味着各种不同主体在参与中会形成一个自主的网络，并在网络的特定领域里具有某种选择与决策的权力，也可以与政府进行合作，分担其部分治理责任。正如奥斯本和盖布勒在《改革政府：企业精神如何改革着公营部门》一书中分析的那样，政府实现公共服务的方式将是掌舵，而不是划桨，权力核心将从一元走向多元，而走向多元的标志则是自治。① 这一变革内在的行动逻辑是，公民社会和民间自组织将成为主要的发展潮流。教师共同体作为一种民间组织，正是适应了这股潮流。同时，对教师共同体治理的

---

① 转引自：姚引良，等. 网络管理理论在地方政府公共管理实践中的运用及其对行政体制改革的启示 [J]. 人文杂志，2010（1）：76-85.

一个标志性行动就是授予教师共同体有限的自治权。建立网络关系的思维方式的目的在于行动，而对教师共同体实施的治理方式不同于传统学校的管理方式，就在于有限自治成为共同体治理的行动哲学。

一、有限自治的基本含义

在当代治理理论的思维逻辑下，网络关系经常是在与政府行为和市场行为相比较的过程中显示其存在的意义的。网络关系处于政府治理和市场协调之间，它既不是市场，也不是权力机构，而是处于它们之间的一种中间糅合体。相对的独立与自治就是这个中间糅合体的显著特点。

教师共同体在学校的网络之中，也是一种糅合体，处于学校领导和教师需求之间，每一个教师共同体在学校的网络中都可以找到自己在专业发展中的优势。学校对教师共同体的治理就是要充分看到网络关系中教师共同体的主体地位和自治的特点，顺势进行协调和引导。这种协调和引导的核心就是赋权，使教师共同体和广大教师感受到自主发展的可能，并且通过赋权保护和支持教师共同体的自治行为。

在对教师共同体的治理上，学校不能像对待学校中的其他行政组织那样采取集中控制的治理模式。为落实"主体—主体"以及多中心的治理思维方式，教师共同体应该享有一定的"特权"。这里的"特权"指的是给教师共同体以相当范围的自由来处理自身发展问题。教师共同体关注的是教师自身专业水平的发展和教学育人水平的提高，需要有一个自由且宽松的环境。在中世纪，Liberty——"自由"这个词与 Privilege——"特权"是同义的，也就是说，"自由"是做某件事情的"特权"。在我国教育飞速发展的今天，教师所承担的责任更重，要学的知识更多，要具有更多的能力，要不断提高自身的专业素质以便更好地培养新时代的人才。而教师共同体作为这样一种促进教师专业发展的有效组织形式，如果没有一定的"特权"，只被当作附属于学校的一般行政机构来进行治理，是难以获得真正发展的。学校要给予教师共同体的"特权"，就是要改变将教师共同体作为一种类行政机构的错误认识，赋予教师共同体更多的自我发展的权力，在治理模式上实现从行政式管理到治理的转变。但是，从我国的教育现实来看，赋权这一步是很难走的。

传统的学校管理方式表现为事无巨细都是领导说了算。校长手中握有很大的权力，校长对权力的需求是强烈的，"我是校长我说了算"，是当今很多学校校长的权力观。这些校长误以为，只有权力集中在自己手里，只有教师们都老老实实的，学校才会运转通畅，学校才能办得好。其实，这里的权力已经变成了束缚教师发展、影响教师创造性工作的枷锁。赋权只有在理念转变后才会得以实现。

二、有限自治的意义

长期以来，在学校管理过程中，管理者习惯于运用行政手段来推动师资队伍的建设，运用刚性的指标来推动教师专业的发展。现实中往往表现为行政化程度逐步增强，管理成本不断提高，而管理的实际效果却越来越差。学校内部变得等级森严、关系紧张，教师工作与自主发展的环境不断恶化。要对教师共同体实施治理，就要转变那种高度集权的、由校长一人说了算的管理方式。这种方式体现的是学校领导的思想和意志，是一种强加在教师头上的思想和意志，往往成为影响教师创造热情和创造力的制度性障碍。作为网络中的一个结点，学校领导团队应该具有民主观念和授权意识。不要认为给教师共同体一定的权力，学校就会搞乱，摊子就不好收拾；不要认为只有大权独揽，所有教师都听命于领导，学校工作才会通畅运行。集权管理是学校领导站在传统的、线性的管理立场上对学校管理行为的一种错误判断。我们的教师从总体上看是具有良好素质的，其蕴藏着自主发展的巨大潜能。所以，学校领导对教师共同体实施治理，应该敢于放权，相信教师共同体，相信广大教师。

本文讲的自治是有限的自治，因为教师共同体是在制度框架内建立并进行活动的，给予它一定程度的自治，一方面是为了使它获得更好的发展，使教师在工作中、在研讨中能够感受到专业成长的效果；另一方面，学校领导也要用制度去约束、要求教师共同体，使它的行为活动不会背离国家制定的教育方针和政策。

赋权自治是治理的重要行为，这是传统的统治行政走向服务行政的必然过程。在市场经济体制下，政府应该履行的是服务职能，考虑的是如何为公众服务，关注的是公共行政的主体，从重治理、轻服务、以政府为中心，过渡到重视公共服务、以公众需求的满足为中心。

教师共同体实行有限自治，也是与教师专业的特殊性密切相关的。联合国教科文组织国际教育发展委员会发布的《学会生存——教育世界的今天和明天》指出："教师的职责现在已经越来越少地传递知识，而越来越多地激励思考；除了他的正式职能以外，他将越来越成为一位顾问，一位交换意见的参加者，一位帮助发现矛盾论点而不是出示现成真理的人。他必须集中更多的时间和精力去从事那些有效果的和有创造性的活动：互相影响、讨论、激励、了解、鼓舞。"①

在当代世界，教师正从传统意义上的知识传授者转化为学习活动的组织者、引领者、参与者和促进者。凝聚在教师共同体里的教师，有很高的自主发展的积极性，渴望自己的专业获得发展，期待能够参与各种活动。此时，教师共同体能不能真正促进教师自主发展，一个重要方面就在于教师共同体能否适度自治。如果一切还都是学校领导主观安排，教师共同体没有自治权，没有自己的活动空间，那么，治理思维方式的转变也就会落空，教师共同体也只是徒有虚名而已。

只有赋权，实现有限自治，教师才会拥有更多的时间和空间去考虑自我发展和同伴发展。如果学校管理者习惯于集权，那么教师和教师共同体的自主专业发展将严重受损。如果实现放权和有限自治，就会使教师的心里迸发出"我要发展"的激情，进而将自己的全部身心都投入到教育教学工作中，积极探索教育教学中存在的问题，并在学生的成长中寻找自己人生的意义。

三、实现有限自治的行动指向

一是要赋权。赋权与自治是对传统管理理念的挑战，所以这里有一个理念转变的问题，虽然在管理学的理论与实践中，也有"情感治理"一说，但毕竟是在遵从上下级的森严关系的基础上，把情感作为与下属交换利益的砝码。被管理者始终没有办法摆脱被动的、执行者的角色。对教师共同体的治

---

① 联合国教科文组织国际教育发展委员会. 学会生存：教育世界的今天和明天 ［M］. 华东师范大学比较教育研究所，译. 北京：教育科学出版社，1996：108.

理就是要改变教师作为被管理者的被动状况，改变教师处于学校管理金字塔底层的无权处境。思维方式的转变使我们认识到：建立"主体—主体"关系是治理行动的根本方向。而要使教师共同体成为多中心的一极，学校就必须给予教师共同体一定的权力，使有限自治成为教师共同体存在与发展的基本形态。教师专业发展本身就是要张扬教师的主体精神，就是要使教师在教学和教育活动中更具创造性，而这种创造性首先就要求活动主体拥有自主与自由的环境，没有自主与自由的环境就谈不上教师在专业上的真正发展。

二是重视教师共同体的自我约束。实现教师共同体的有限自治，就要注重教师共同体的自我约束。自治不是自由放任，而是教师共同体的成员组织起来按照教师专业发展的需要自由地开展活动。这其中就存在教师共同体对自身行为的规范和因此而制定规章制度的问题。学校对教师共同体进行治理，就应当鼓励教师共同体自主建立和完善其内部规则，如此才能保证教师共同体自我治理的实现。

三是建立自治赋权的内部制度。学校也应该实现制度创新，建立自治赋权的内部制度，为教师共同体的自治创造有利环境。虽然教师共同体的自治是治理的行动哲学，但一些教师受传统思维习惯的影响，并不知道怎么才能自治，甚至在有了一定的自治权力之后，觉得无所适从，还不如像过去一样，受从校长到教研组长到备课组长的指派来得舒服。因此，实现教师共同体的有限自治有一个对教师自主发展意识进行启蒙的过程。教师只有理解自主的意义，学会运用自治权力，才能给自己开辟出专业发展的空间，形成与他人合作的可能，进而提升所在教师共同体的整体水平。

第四节　理解与尊重：教师共同体
治理的价值取向

对不同人群的理解与尊重是现代治理理论的重要内容。它强调在民主化社会里对有不同文化背景的人群，对少数族裔和处境不利人群，要给予充分的理解和尊重。这种理解和尊重集中表现了治理理论的价值关怀，与传统的管理理念不同，治理的出发点与目的都是人，而传统管理主要强调的是效率和效益，人只是实现目的的手段，进行的是工具化的劳动。理解和尊重凸显了治理理论的人文色彩和人文关怀。

一、治理中理解与尊重的基本含义

治理理论在这一点上深受解释学的影响，海德格尔（M. Heidegger）最先从人的本质与存在出发，把理解活动作为哲学研究的主题之一。"海德格尔清楚明确地在以主体间关系为基本内容的理论框架中考察人类理解问题，并坚定不移地张扬人类理解活动的主体性。海德格尔阐述了许多人文理解论的根本观点，为建立人文理解论奠定了理论基础。"① 根据解释学的观点，治理理论十分重视对人的理解，对人的理解实际上是与对人的意义的理解连在一起的。这里的人是作为主体存在的人，而作为主体的人是应当受到尊重的。理解和尊重集中代表了治理理论的人文情怀。

治理的权力运行向度是多元的、相互的，是一个上下互动和多向交流的过程。对教师共同体的治理不能只靠传统的强制性的行政、法律手段。治理更多的是强调各种机构之间的自愿、平等、合作。如果把这些方法应用在学校对教师共同体的治理当中，必定能够使教师共同体获得必要的独立性和自主性，并能给予它很大的发展空间，使教师共同体在最大程度上遵循自己的专业发展路径，而不必担心受到行政官僚体制的干涉。

教育事业具有突出的人本性，它是以育人为中心的社会活动，在学校内部不论是老师、学生或者是学校领导，都是作为主体的人而存在的，而不是教育机器上的一些零部件。所以，作为学校管理活动的一种，对教师共同体的治理更应当突出人本性，特别要凸显校长对教师的理解和尊重。在治理视野里，校长与教师不是一种以奖罚为交易的治理者与被治理者的关系。校长的领导方式应该从交易型领导转化为理解和尊重的领导，只有这样才能获得教师的认同，获得教师共同体的认同，才会形成一种有利于教师专业发展的、和谐的学校文化。结合学校的教育实际，理解和尊重就是把教师当成人，当成具有主体意识的人。实施以理解和尊重为价值取向的治理，在教育上尤为重要。这种治理的实现需要经过从以物为中心的治理到以人为中心的治理的重要转变。

---

① 刘少杰. 理解的追寻：实践理解论引论 [M]. 长春：吉林大学出版社，1994：39.

二、治理中理解与尊重的意义

在现代化过程中，以泰勒为代表的传统管理理念是以机器为中心的，人被异化为机器的附庸，这种管理的结果造成人成为丧失个性的标准人。这种管理意味着沉重的压力，意味着人的主体性的丧失，它是工业化进程的产物。而以韦伯的最理想的行政组织为代表的传统管理理念认为人没有主动性和情感，人在行政组织中只是接受上级指令、为上级负责和命令下级的"机器"。这两种最具代表性的传统管理理念一直深深地影响着现在人们的管理理念和管理方式，就连学校也是采取的科层制的组织结构和管理方式。在知识经济时代，如果不能理解与尊重员工，就不能激发员工的劳动积极性。查尔斯·萨维奇（Charles Savage）在《第五代管理》中指出，怀疑和不信任是公司真正的成本之源。它们不是生产成本，却会影响生产成本；它们不是科研成本，却会窒息科研的进步；它们不是营销成本，却会使市场开拓成本大大增加；它们不是管理成本，却会因内讧而使管理成本加重。① 也就是说，没有心与心的交流，就不会有真正的成功与事业的拓展。

对教师与教师共同体的理解与尊重，是对教师共同体治理的价值取向。这种价值取向是以人为本理念的反映。

在我国基础教育改革中，让中小学教师拥有专业发展的自主性是非常重要的。长期的教育体制上的不完善和在职教师专业发展制度的不健全，特别是对教师缺乏尊重、理解、信任，再加上教师自身的职业倦怠，致使教师专业发展缺乏自主性，这已经成为中小学深化教育改革的瓶颈。许多学校校长都在抱怨教师自觉性不高，不理解改革，消极情绪蔓延等。尽管如此，我国一些地区的学校还是出现了教师共同体这种新鲜事物。这些教师共同体的出现反映出中小学教师中蕴藏着巨大的自我发展的精神需要。

要落实对治理的追求，对学校来讲，首先要树立以人为本的发展理念，重视挖掘教师自主发展的潜力，积极主动地帮助教师实现专业发展。这种理解和尊重的出发点是教师，目的也在于教师的自主发展。治理就应当建立一

① 萨维奇. 对员工不信任是最大的成本 [EB/OL]. [2013 – 09 – 07]. http：//www.qikan.com.cn/Article/xssc/xssc200635/xssc20063502.html.

种主体间的合作交流的机制，这与传统的靠权力与制度进行的刚性治理不同，它倡导教师共同体成员之间的、不同教师共同体之间的、教师共同体与学校之间的相互合作。这种合作是教师在受到理解和尊重的情况下对学校的认同、对团队的认同以及对自我的认同，这种合作会迅速提升教师的自信和内在精神需求。

对教师的理解和尊重还应体现在鼓励教师的发展上。与传统的硬性制度要求不同，治理更倾向于用鼓励的方法去促进教师共同体的发展。这种鼓励的最高境界就是理解与尊重。治理主张"掌舵而不划桨"，体现了对教师与教师共同体的信任，使教师共同体在有限自治的情况下激发成员研究的积极性，在研究中不断提高教育教学质量。同时，教师共同体受到鼓舞后也会反过来造就学校积极向上的治理氛围。正如尼可拉斯·卢曼（Niklas Luhmann）所说：信任是减少社会生活和社会交往复杂性的机制。[①]

由于我们把全体教师作为一个共同体来界定，那么与"有机团结"相适应的教师文化内在要求的社会规范和价值观，诸如信任、互惠、合作等文化准则必须建立在这一基础上：教师们因共同的工作目标和共同的工作认同感而认为有必要在一起工作。换言之，只有与专业理想相结合的良好的同事关系才有助于"有机团结"的培育。这种良好的同事关系在共同体内部会促成教师间的忠诚、信任、互惠与合作，并且可能使非正式的教师文化逐渐向教师的"专业美德"的维度转变，从而进一步促进教师个体的专业发展，并赋予教师专业共同体以灵活应变、持续再生、自主调节的特质，推动其作为一个紧密结合的社会群体不断向前发展。

三、实现治理中理解与尊重的行动指向

首先要以人为本。不论是教师专业发展瓶颈问题的解决，还是教师共同体主动发展的制度制定，很重要的一点就是学校管理者要真正以人为本，将尊重与理解作为对教师共同体治理的价值追求。只有在相互尊重的基础上才会有对话与协商，才会有与教师共同体的健康的合作关系。

---

① 卢曼. 信任：一个社会复杂性的简化机制 [M]. 翟铁鹏，李强，译. 上海：上海人民出版社，2005：33.

　　其次是建立合作、对话、沟通、交流的有效机制。合作、对话、沟通、交流，充分体现着学校领导对教师共同体和广大教师的关怀，体现着治理的价值取向，是治理教师共同体的基本途径。为此，学校领导要在治理视野下探索一种合作沟通的有效机制。这种机制对学校治理者与教师共同体的关系作了重要调整，即这两类人员在实现教师专业发展的过程中，不再像以往那样是一种"中心—边缘"的关系，而是形成一种平等的、共生的"主体—主体"的关系。学校不仅要调动教师共同体参与学校教育发展和改革的自主性和积极性，使它们不再处在"边缘"地带而进入"中心"位置，充分发挥他们的聪明才智，同时也使得教师共同体作为教育研究者群体更深入地融入教育实践中，真正发现学校教育发展中所面临的各种问题并寻找有效的解决措施，与教育实践者一起进行有意义的理论探索。

　　因此，在治理视野下，对教师共同体的治理要以教师作为学校教育研究、教育改革和发展的主体，使教师摆脱"边缘"的地位，以主体的身份、研究者的身份自主、自愿地参与到教育改革与发展中来。学校领导要尊重教师和教师共同体，以专业对话者的身份，以与他们合作工作的方式，从现实出发，共同探索学校未来的发展。

　　再次要培育宽松的治理环境。根据教师共同体的特点，教师共同体需要民主、宽松的治理氛围，需要获得充分的尊重。而且，教师共同体的建设和发展不单单是学校所要负责的事情，同时也是教师共同体的成员所要负责的事情。教师共同体是一个专业性团队，内部的成员也都是专业人员，对自身乃至整个共同体的专业发展都有着深刻的见解。如果学校在对教师共同体的建设和发展方面，还是采取由上而下颁布行政命令，把严格的规则强加其上的管理方式，那么教师共同体在学校就不会有好的发展前景。

　　最后将对教师共同体的治理与学校改进相结合。对教师共同体的治理也是学校改进的一种途径。教师共同体的发展与学校改进密不可分，是推动学校改进的重要力量。校长应当充分认识到，教师专业发展和教师共同体建设是学校工作改进的重要事情。教师共同体建设和教师发展是在具体学校的实践中实现的，从某种意义上来说，学校发展的水平取决于教师共同体发展的水平。教师共同体建设必须和学校改进结合起来，这样的教师发展才是有根基的、富有生命力的，这样的学校改进才抓住了根本，才具有广阔的前景。

第五节　多元参与：教师共同体
治理的有效边界

在过去二十多年的时间里，参与式治理作为一种对新的治理环境的实践回应得到了广泛的传播。正式的国家机构在处理不断增长的社会复杂性事务和来自志愿部门与私人部门的社会参与方面被证明是力不从心的。这一现实使治理有了更加广泛的内涵："作为既是正式的，也是非正式的制度和过程，为国家和其他一系列受到政府行为影响的机构或利益相关者之间提供了互动条件。"[1] 这种更多类型的组织和人群的参与被认为是一个"处理公共问题更加弹性和民主的方式"[2]。在治理理论尝试着去处理实际问题和寻求可行的解决办法中，参与式治理被证实为治理理论作出了突出贡献。治理的多元参与，即多个主体的共同参与，是治理理论的一个重要方面。

一、治理中多元参与的基本含义

在现代社会里，在市场经济条件下，政府为推动改革，鼓励多元参与，应用新的技术和治理模式知识建设服务型政府，这是平衡政府与市场的一种有效手段，也是克服市场失灵和政府失败的根本途径，是行政民主的重要表现。

教师共同体不是处于市场之中，它作为教育领域内自发形成的组织，聚集了教师这种专业人员，并且负有育人的重任。引入多元参与，最大限度地发挥教师的主动性，最大限度地与教师共同体分享公共权力，这实际上是教师共同体能够得到有效治理的一个标识。

---

　① Mitlin. Reshaping Local Democracy [J]. Environment and Urbanisation, 2004 (1): 3-8.
　② Fischer. Participatory Governance as Deliberative Empowerment: The Cultural Politics of Discursive Space [J]. American Review of Public Administration, 2006 (1): 19-40.

通过以上有关治理理论的分析我们可以看出，最常见的治理方式是合作、对话、协商。治理理论注重参与主体的多元化，所以，在治理主体上强调公民和社会机构的参与，在治理方式上强调各主体间的沟通与交流。

二、治理中多元参与的意义

如上所述，对教师共同体的有效治理需要学校内部成员的广泛参与。教师共同体治理是建立在学校领导与教师共同体以及学校内其他组织的合作、协商基础之上，是学校领导与包括教师共同体在内的校内所有组织共同参与治理过程的治理模式。它所强调的不是学校领导对权力的垄断，而是强调权力中心的多元化，各种组织和个人均参与治理过程；它强调学校领导与校内各组织的互动性；它不否认学校领导利用权力进行命令与强制，但同时强调学校领导与学校内各组织的协商与合作。因此，对教师共同体的治理过程中如果没有学校领导、教师及其他学校组织的参与，那么也就丧失了治理本身的意义。而教师共同体是一个具有适度自治性的组织，对它的治理更不单单是学校领导的事情，而应该是包括教师共同体自身在内的、学校内部多组织共同参与、共同决策、共同解决的事情。这种多元参与是学校领导集体主导的，而不是一种权力的圆桌会议。这是对教师共同体治理的一个重要特点。

从另一个角度看，个人的理性程度是有限的，决策者具有的是有限理性，决策受到人类心智和组织背景的限制。特别是在信息爆炸的现代社会，人们面临的是一个复杂的、不确定的世界，而且交易越多，不确定性就越大，信息也就越不完全，这导致人类选择做什么的过程更加复杂。决策者在做决策的时候不得不同时处理外部环境和他们的内心世界，以及他们的认知结构。决策者自身的经验、思考习惯以及情感可能会使他们产生不同的偏好进而在决策过程中往往会忽视一些事情。因此，作为教师共同体有效治理的边界，多元参与一方面体现出决策的民主化，另一方面一定程度上弥补了有限理性的缺陷，使得有关教师共同体治理问题的决策更加合理。

多元参与对于教师共同体的治理具有标志性意义。治理，没有教师共同体内全体成员的参与，就不会实现领导与教师的有效沟通，更不会实现有效治理。只有教师共同体内部成员积极参与治理，学校领导才能够及时了解教师共同体运行积累的经验和可能出现的问题，才能够作出符合实际又具有前瞻性的决策。所以，有无多元参与就成为教师共同体能否有效治理的一个边界。

三、实现治理中多元参与的行动指向

在多元参与这一治理边界内，应当最大限度地利用学校各种资源，充分实现教师共同体治理的多主体参与，为此，应当有些具有标志性的行动。

一是在学校治理中，要继续解放思想，破除官本位的思想，彻底摒弃权力垄断的观念，与教师共同体和广大教师分享教育的公共权力。承认教师共同体的公共地位，并在此基础上，通过平等协商促使其积极参与有关教师专业发展和其他领域的学校决策。二是学校领导要认真做好校内正式组织的优化，减少纵向层级，加强横向合作，为多元参与提供必要的空间。三是增强学校领导团队工作的适应性和灵活性，改变学校领导在办公室里写计划、作决定的习惯。在与教师共同体接触与交流中，了解教师的需求和专业发展的困难，根据具体情况作出及时有效的处理。四是在条件成熟的情况下，建立实现多元参与的治理机制，比如教师共同体联席会议、教师自主发展联合会等机构，协调各种教师专业发展资源，创造更大的公共价值。五是建立一个稳定、和谐的学校环境，促使教师共同体不断发展壮大，培育出更多的、参与治理的网络结点。

多元参与既是边界，更是一种行动，上述这些行动实质上也彰显了多元参与的实践意义，为教师共同体治理提供了一个行动的参考框架。

尽管多元参与对于教师共同体的治理十分重要，但一些学校领导受传统观念的影响往往把教师参与学校决策当成口号，并没有真正发挥教师在学校决策中的积极作用。在教师共同体建设过程中，一些学校注意到，教师共同体和广大教师对学校事务不同程度的参与，使学校的凝聚力得到提升，而教师也在同伴交流中获得机会，得到成长。多元参与创造了领导和教师交流的机会，为教师和学校的发展提供了很好的对话平台。

网络关系、非正式制度、有限自治、理解与尊重、多元参与构成了教师共同体治理的分析框架和话语系统，它们分别体现了教师共同体治理的思维

方式、决策关怀、行动哲学、价值取向和有效边界。它们之间相互紧密联系：网络关系作为一种视野无处不在；有限自治作为核心行动对其他几个维度发挥影响；对非正式制度的关切要体现在治理的各个方面；理解与尊重引领着治理的价值取向；多元参与则承载着各个维度的意涵，建构起治理的边界。这些维度构成一个完整的话语系统和分析框架，勾勒出目前治理理论视野下的教师共同体建设的哲学，指出了教师共同体建设所应注意的问题，并为教师共同体善治模型的建构打下了理论基础。

第四章

系统分析：教师共同体的善治模型

系统分析用于解决系统内部、系统内部与外部因素之间的关系。[①] 教师共同体的治理系统由相互区别、相互联系和相互作用的教师共同体治理的要素组成，这些要素是由治理视野下教师共同体管理中存在的问题和教师共同体治理的分析框架中的五个维度抽象而来的。

一个系统，构成的基础是要素，一些无关紧要的内容简单地堆积起来不会是一种特定的系统。系统的结构和功能是相互联系、相互依存的。结构总是一定功能的结构，功能总是一定结构的功能。结构和功能又存在相互制约和在一定条件下相互转化的关系。教师共同体的治理系统必须借助结构，按照系统的要求和目的组成一个有序的排列，从而使要素获得整体联动的新的特征。

教师共同体治理系统内的各个要素之间相互联系和相互作用的方式或秩序，也就是教师共同体治理系统内各要素的组织方式，构成了教师共同体的治理结构。结构与要素之间具有紧密的内在联系。当然，教师共同体的治理系统也不是简单地由单个的要素决定的，而是在一定的范围内，由

---

① 孟繁华. 教育管理决策新论：教育组织决策机制的系统分析 [M]. 北京：教育科学出版社，2002：159.

全部构成要素在排列后所组成的结构以及由此而产生的功能综合决定的。

第一节　教师共同体的治理结构

　　教师共同体的治理结构是教师共同体治理系统内部各要素之间的相互联系、相互作用的结合方式。要素之间的个别联系或某些联系不能形成系统结构，只有要素之间发生相互联系、相互作用、相互制约的关系时，才能形成系统的结构。这是因为教师共同体治理系统中的每一个维度上的每一个要素及其他要素关系的改变都有可能引起系统结构的变化。根据教师共同体的现状以及存在问题，和教师共同体治理的分析框架，这里总结出构成教师共同体治理系统的十一个要素，它们分别是合作、尊重、愿景、合法性、参与、反馈和矫正、少干预、授权、协商、认识和保障。根据这十一个要素本身的含义，可划分为三个维度，它们分别是文化维度、制度维度和技术维度。教师共同体治理系统如图 4 - 1 所示。

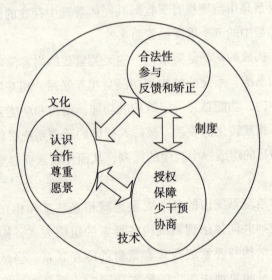

图 4 - 1　教师共同体治理系统

一、教师共同体治理系统的构成要素

教师共同体治理系统的构成要素，是从治理视野下教师共同体存在的问题中，以及教师共同体治理的分析框架中抽象出来的。这些要素对于教师共同体治理系统的存在与发展发挥着重要作用，是不可或缺的元素。

（一）文化维度

学校是传播人类知识和文化的场所，同时学校自身也创造着人类文化。对文化一词的定义，历来争议颇多。美国学者 A. 克罗伯（A. L. Kroeber）于 1952 年提出的关于文化的定义影响较大。他认为，现代意义上的文化概念应该包括五个方面的含义："（1）行为的模式（即行为习惯与行为规范）和指导行为的模式；（2）模式不论外延与内涵，都由后天学习而得，学习的方式是通过人工构造的'符号'系统（如法律条文、行为守则等）来进行的；（3）模式的物化体现于人工制品（即劳动成果，如产品、文艺作品等）中，因而这些制品也属于文化；（4）历史上形成的价值观念乃是文化的核心，可以依据价值观念的不同对不同质的文化进行区别；（5）文化系统既是限制人类活动方式的原因，同时又是人类活动的产物和结果。"①

华北师范大学范国睿教授在考察了古今中外文化内涵的演变后得出了这样的结论：综观各种文化的定义，无论研究者们在何种历史语境下对其加以解说，我们都可以发现，文化即是人类社会发展过程中积淀下来的精神成果以及由此具体化的外在表现。② 简言之，文化是一种"人类智力的符号性产物"。从广义上看，文化是人类物质文明和精神文明的总和。从这个意义上说，世界上的一切都是文化。这种表述显然不便于开展研究。本文采用文化的狭义概念，按照克罗伯和众多学者的共识，本文认为，价值观和相应的行为模式是文化的核心。

价值观对于文化的发展具有十分重大的意义，其往往作为区分不同民族

---

① 转引自：吕双. 学校发展的系统分析 [D]. 北京：首都师范大学教育科学学院，2007.
② 刘贵民. 校长负责制下校长作用的发挥与权力制衡 [D]. 长春：东北师范大学教育科学学院，2007.

文化的依据。所有人都接受某种固有的基本假设，它涉及人及人类本性、人类关系的性质、人类活动的性质、人与环境之间关系的性质等。我们之所以称这些为基本假设，是因为它们决定了人们的信仰与价值，最终形成人们对待他人的行为方式。

文化维度下分为四个要素，分别是认识、合作、尊重和愿景。

1. 认识

教师共同体是一个由很多教师自愿组成的团体，而这些教师可能有着不同的学科背景，教授不同的学科内容，有着不同的社会文化背景，对事务的认识和看法也不一样。就像社会解释理论所认为的那样，"人们对世界的解释是不同的，因此，在社会中人与人之间的沟通也远非易事。这可能是治理最大的挑战"①。如果没有对教师思想和信念的发掘，是无法对其行为和活动作出合理解释的。要想理解教师的活动和行为，同时也是教师共同体的活动和行为，并对其作出合理的解释，就必须深入挖掘他们的信念和愿望，探索他们对自身境况的感受，了解影响他们行为的规范和价值观。学校领导只有在将这些因素都进行深入、细致的了解后，才能够考虑如何"对症下药"，建设好教师共同体。

2. 合作

"组织是诸多元素相互联系、相互作用而形成的相对独立于环境的整体，正是合作使组织获得一种共生机制和持续发展机制。只有竞争，没有合作，这个组织就不可避免地走向解体。"② 治理所强调的合作不是领导和教师或教师和教师之间一维的合作，而是包括领导与教师、教师与教师以及教师与学生之间多维的合作。讲求领导与教师之间的合作、领导与教师之间的沟通当然是一种很好的管理态度和管理方式，但是如果只讲求领导自身与教师之间的合作，而忽视教师与教师之间和教师与学生之间的合作，忽视教师之间良好的合作交流对其自身专业发展的意义，以及教师与学生之间合作对学生品

① Chhotray, Stoker. Governance Theory and Practice: A Cross-Disciplinary Approach [M]. UK: Palgrave Macmillan, 2009: 36.

② 孟繁华，田汉族. 走向合作：现代学校组织的发展趋势 [J]. 教育研究，2007 (12)：55 - 59.

德的养成和成绩提高的意义，教学相长对教师自身的意义，以及这种多元合作对整个学校和谐发展的意义的话，是无法真正促进教师共同体的和谐发展的，当然也就无法达到对教师共同体的善治。

3. 尊重

尊重的基本含义就是把自己和他人看成是一个独立的、自由的、完整的以及具有独特天性、人格和尊严的人。尊重既是人人都应具备的行为规范，又是崇高人格品质的生长点。尊重人性是学校管理的基本思想。管理资源中最重要的是人，没有了人，其他因素都只能是独立因子，不能构成系统，管理也不复存在。因此，教师管理的核心就是以人为本，建立尊重人性的工作方式。以人为本的管理要求打破以往科层制管理下严格的等级关系，建立一种民主、平等的组织管理体系，如此才能更好地开发人的潜能，实现教育管理的创新。

实践表明，尊重是人的精神需要中一个不可或缺的部分。科层制管理下的标准培训、标准要求、标准评价无法培养出具有创造力的教师。所以，促进教师专业化，使教师成为基础教育领域富有个性的创造性人才，需要有培育在职教师个性的学校管理氛围。尊重教师，进而激发他们的发展潜能和创新能力，便成为校本教师培训的重要内容。

因此，尊重在这里是指管理者在管理过程中所持有的一种态度。治理的核心是权力的多元化，而不是一元的主客体关系。管理者和被管理者都是主体，管理过程是一种主体间的互动过程，因此应该采取充分尊重的态度。

4. 愿景

这里所谓的愿景是指教师共同体治理系统中，所有人共享的价值观和目标，它激励着系统中的每个组成部分为之奋斗，也是促使教师共同体不断发展的关键要素。而本文所研究的教师共同体，它的愿景就是充分发挥教师的积极性和主动性，通过教师之间的参与、互动与合作来促进教师的自主专业发展，不仅仅使每一位教师获得发展，而且要带动整个学校的教师群体获得发展，并通过教师群体的发展带动学生的发展，使教师自身的改变最大限度地反映到学生的成长上，最后通过教师群体和学生群体的发展带动整个学校的改进和发展。

（二）制度维度

"人类的互相交往，包括经济生活中的相互交往，都依赖于某种信任。信任以一种秩序为基础。而要维护这种秩序，就要依靠各种禁止不可预见行为和机会主义行为的规则。"① 学校制度是学校组织的规范力量，用于约束技术层面的零散的要素，形成一定的规章和秩序，从而提高组织运行的效率，通常包括：规范、条例、法规、政策等。制度能够规范组织要素，协调组织中的各种力量，提高组织的运行效率。这种维护秩序的规则就是制度。这里所说的制度是指学校针对教师共同体的建设制定的管理制度，是对教师共同体治理的外部制度。本研究在制度方面所要研究的内容不是制度应包含哪些内容，而是制度在建设教师共同体方面应注意哪些问题。

制度维度下分为三个要素，分别是合法性、参与、反馈和矫正。

1. 合法性

制度的合法性是指社会秩序和权威被自觉认可和服从的性质和状态，而非法律意义上的"合法"。它与法律规范没有直接的关系，从法律的角度看是合法的东西，并不必然具有合法性，只有那些被一定范围内的人们内心所体认的权威和秩序，才具有合法性。合法性越大，善治的程度便越高。取得和增大合法性的主要途径，是尽可能增加公民的共识和政治认同感。所以，善治要求有关的管理机构和管理者最大限度地协调公民之间以及公民与政府之间的利益矛盾，以便使公共管理活动取得公民最大限度的同意和认可。

2. 参与

参与被认为是构成治理的一个要素，治理比管制范围更广，它"涉及发展和确定新的决策模式，并以此来填补由于传统决策模式失败所产生的鸿沟"②。学校在制定针对教师共同体的相关制度时，应该促使学校内部包括教师共同体在内的各级各类组织的广泛参与，这样才能够保证制度设计的合理

---

① 柯武刚，史漫飞. 制度经济学：社会秩序与公共政策 [M]. 韩朝华，译. 北京：商务印书馆，2004：3.

② Fischer. Participatory Governance as Deliberative Empowerment：The Cultural Politics of Discursive Space [J]. American Review of Public Administration, 2006, 36 (1)：19 –40.

性和合法性。广泛参与是制度获得合法性的一个必要条件。同时，在设计制度的时候，应该保证学校内部各级各类组织和人员参与教师共同体治理的权利和义务。

3. 反馈和矫正

学校应该针对教师共同体制定相应的管理制度，这种管理制度应该是学校领导与教师共同体的成员充分沟通协商后的产物。同时，这种制度应该带有反馈机制，即一种检测机制，通过对决策过程和结果的不断检测和矫正来最大限度地保证决策的成功。治理理论认为人类所有的决策都是基于有限理性的判断，所有人类都是有缺陷的决策者，这就需要设计一种带有大量检验和权衡的制度，以及在有限政府框架中设置有限的责任跨度。反馈是矫正的基础，矫正是反馈的目的，只有通过不断地反馈和矫正才能保证教师共同体的健康发展。

（三）技术维度

这里的技术是指学校领导所应具备的能够促进教师共同体健康发展的有效的管理方法和管理技能，以及支持教师共同体运作的软硬件设备和各方面的保障，包括教师共同体活动的时间、资金和场地等。技术是教师共同体治理中的基础层面，也是核心层面。

技术维度下分为四个要素，分别是少干预、授权、协商和保障。

1. 少干预

学校对教师共同体的治理要尽量减少直接介入，多支持、参与和促进。中小学校与学校内部的教师共同体之间其实就如同公共管理中政府与第三部门之间的关系，中小学校应该明确自身的职责，在有些事情上要大胆放权，特别是教师专业发展方面，应该明确自己该管什么，不该管什么，分清管理和执行的区别。学校要由事无巨细的管理过渡到"掌舵"而不"划桨"。学校在对教师共同体的治理过程中，应只是制定政策而不是执行政策。学校管理无法达到善治的一个重要原因就是忙于"划桨"而忘了"掌舵"，做了许多做不了、做不好、舍本求末的事情。彼得·德鲁克曾强调任何想要把治理和具体操作联系在一起的做法只会严重削弱决策的能力。任何想要决策机构去亲自操作的做法也意味着干蠢事。公共行政理论强调,"掌舵"后,"划桨"的任务应交给私人部门和非营利组织、社区组织、公民自治组织等第三部门。政府通过重新塑造市场,在政策和资金方面,施加各种可行和有利的影响。这样,政府就成为多元管理主体的组织者、协调者,是多元管理主体的核心。"国家的角色是通过支持和促进网络成员之间的交换,或使他们更积极地加入到交换中,来实现具体的利益或得到一个具体的结果。……它包括促进立法给网络一个总的方向感,留给组织一定的自主空间去定义实现目标的道路和机制。它也包括用以激励为基础的措施或方法来鼓励组织之间的合作。关键是国家扮演着顺其自然的角色。它引导但不命令。"①

也就是说学校所要扮演的角色是政策的制定者、方向的把握者,以及与教师共同体之间关系的协调者、促进者。学校领导应该在把握大方向的情况下主动支持教师共同体各方面的活动,鼓励教师参加教师共同体,并主动以与成员平等的关系参与教师共同体的活动,一方面增进自身与教师之间的感情,另一方面可以作为一名专业人员在教师共同体活动中为教师们提供专业引领。

2. 授权

授权是学校管理教师共同体的主要方式,也是治理理论的一个重点。"不同于传统的公共行政和新的公共管理,'新的治理'把重点从管理技能和对大型官僚组织的控制转向授予权力的能力。"②授权是组织运作的关键,它以人为对象,将完成某项工作所必需的权力授给部属人员,如用人、用钱、做事、交涉、协调等决策权,不只授予权力,还托付完成该项工作的必要责任。在管理过程中,用权是尽责的需要,权责对应或权责统一,才能保证责任者有效地实现目标。授权能够有效地调动下属的积极性,让团队中每一个成员更加负责任、更加投入、更有创造性地工作。更重要的是,授予下属一定的自主权能够增强组织系统的适应性和应变能力。

特别是在对一个专业团体进行管理的时候,授权更是一种必要的管理技能。更好的授权往往能够起到其他管理手段所达不到的效果,它能够鼓励教

---

①② Chhotray, Stoker. Governance Theory and Practice: A Cross-Disciplinary Approach [M]. UK: Palgrave Macmillan, 2009: 28 - 29.

师共同体中的教师更加积极主动地开展教研活动，而且能够使教师共同体中的教师掌握专业发展的主动权。

另外，还有三项技能是学校领导在对教师共同体进行管理的时候应该注意学习的。第一项技能是激活技能，就是在处理某件事情的时候，能够使相关的人员都参与进来，帮助解决问题。第二项技能是促使学校中不同的教师共同体之间，以及教师共同体与学校行政组织或学校其他组织之间能够有效地一起工作。为了达到协调的结果，这个过程一般还涉及交际手段、交流和讨价还价。第三项技能是调节技能。这也是这三项技能中最难也是最需要经验的技能。它需要学校领导在日常管理过程中保持足够的独立，这样能够为其检查和管理学校中的不同组织提供客观的视角，即做到不偏不倚。这要求学校领导具有丰富的管理经验和高超的管理能力来了解不同利益主体的立场并对其作出评判。

3. 协商

沟通、协商既是一种管理态度，也是一种管理方式。治理强调权力的多中心，强调一个网络系统中不同组织之间的关系，特别是那些没有通过正式权威清晰表达的关系。邦（Bang）就曾强调把治理看作一种"沟通关系"。同样，学校在对教师共同体的建设过程中应该持有一种沟通、协商的态度。学校中各个教师共同体之间都是平等的，教师共同体与学校其他类型的组织之间也都是平等的，学校领导应该保持一种平等的心态，运用沟通、协商的管理方式来处理与教师共同体相关的事务。这样做不但有助于加强学校管理的民主氛围，而且更有利于事情的解决。

4. 保障

这里所说的保障是指学校为教师共同体治理所提供的条件保障，主要包括教师共同体活动所需要的场地、仪器设备、活动资金以及活动时间等。这是教师共同体继续发展所需要的必要条件。缺乏这一要素，教师共同体规划得再好也落实不了，教师共同体也无法实现自主发展。

以上就是教师共同体治理的三个维度和十一个要素。这三个维度和十一个要素是对教师共同体进行善治的基础。

二、教师共同体治理要素之间的关系

通过对教师共同体治理的分析和提炼，我们形成了由文化、制度和技术三个维度以及十一个要素组成的教师共同体治理结构。教师共同体治理以文化为价值观，以教师发展为方向，以制度创新与规范为调控手段，以技术为物质保证。

首先，教师共同体是为实现教师的自主发展这一目标而形成的，它最终指向的是学生成绩的提高和学生的全面发展，这也是教师共同体成员共同的愿景，也是学校办学的目的所在，它把所有教师共同体成员凝聚到一起。此外，教师共同体还具有专业性、自愿性、独立性等特点。一个具有很强专业性的组织，对它的治理必须注意不能够过多地强加规则，应该充分尊重他们的专业属性。因此，对教师共同体的治理不仅需要学校领导对它有一个正确的认识，而且需要教师对它也必须有一个正确认识，并树立起多元的合作发展观。因为教师共同体治理不只是学校领导的事情，同时它也是所有教师共同体成员的事情，因为他们是教师共同体的主人。这种愿景和认识体现的是一种价值观，这就是文化，文化是教师共同体治理的核心要素。

其次，教师共同体治理还涉及处理人与人、人与事、人与物、事与物、事与事、物与物之间的相互关系，而协调这些关系依靠的是一定的规则，针对教师共同体的种种规则体系就是教师共同体的管理制度。没有规矩不成方圆，治理也并不是说要抛弃正式的规则。真正的治理讲求的也是在一定硬性制度规约下的多元和自主。这种硬性的管理制度必须是在学校领导与教师共同体成员之间充分尊重、互相协商的基础上制定形成的，也就是说，这种制度要具备合法性，独断专行不是治理的做法。为了能够把握教师共同体发展的正确方向，给予其正确的引导，在制度的设计中，必须带有反馈环节，反馈是教师共同体治理系统中的控制因素。上述内容是制度设计的关键所在。

最后，教师共同体的治理离不开技术支撑，技术是教师共同体治理的基础性条件。这里的技术包含两个层面：一个层面是物质上的，如教师共同体的活动场所、教师共同体活动所需的资金、教师共同体活动利用的时间以及教师共同体活动所需的设备等；而另一层面则是学校领导对教师共同体进行治理的方式方法和治理技能，包括学校领导必须具备的授权能力，不直接干预教师共同体的内部活动，以及沟通、协商等治理技能。第一个层面体现了学校对教师共同体的支持程度，第二个层面则体现了学校领导的治理水平和对教师共同体的认知程度，也就是说对教师共同体各方面是否了解。这两个层面对于教师共同体的发展都至关重要。因此，技术是构成教师共同体治理的基础要素。

教师共同体治理的这三个维度以及十一个要素之间相互联系、互相影响，共同构成了教师共同体治理的结构，它们不仅体现出结构中不同维度和要素的功能，而且彰显着结构的整体功能。

从三个维度的关系来看，在这三个维度中，文化居于核心地位，主导并渗透于其他各个维度。也就是说，在这十一个要素中，认识、愿景、尊重和合作居于核心地位。愿景起着凝聚和引导的作用，没有共同的愿景也就没有对教师共同体的正确认识，没有对教师共同体的尊重，没有对教师共同体正确的观念态度，缺乏多元的合作发展观，就不会有教师共同体的存在，也就不会有对教师共同体的治理。思想是行动的先导，有了正确的观念和认识，才会有合理的技术和制度。另外，由于种种原因，技术和制度有时可能无法满足文化的要求，因而它们又往往影响着教师共同体文化的形成。同样，技术和制度之间也存在着有机的内在联系。技术的保障和支持推动着教师共同体健康、稳定地发展，它为教师共同体治理提供物质保障和智力支持，没有及时、完备的物质保障，没有适合的领导技能和方法，也是无法达到对教师共同体的善治的。而良好的制度可以合理地实现技术整合。可见，技术、制度、文化之间存在相互依存、相互作用的互动关系，它们之间的匹配状况决定了教师共同体能否实现善治。

从三个维度的层次来看，技术是最低层面的要素，是教师共同体治理的基础构成要素，教师共同体的治理总是要依赖一定的技术，没有技术的保障和支持，教师共同体治理难以实现。技术层面的运作如果没有一定的规范就会变得零乱、缺少秩序，特别是活动场所、时间、经费等，如果一个学校存在着很多不同的教师共同体，那么不同教师共同体之间的资源分配就是一个问题，因此需要一定的制度来规范、协调和保障。制度是教师共同体治理的第二个层面，制度给技术以规则，对于规范人、财、物的正常分配起到协调作用，有了制度，才能保证教师共同体活动的正常开展。制度是教师共同体治理的中间层面，属于学校行政管理。但是教师共同体的建设不能盲目行动，还要回答教师共同体如何来建设和教师共同体发展的方向等问题，也就是说，对教师共同体的治理既要明确其最终所要达到的目标，又要懂得达到这个目标的方式和方法，并且要有一定的理论支撑。文化就展现了教师共同体的价值和追求，展现了教师共同体治理的理想，从哲学层面回答了教师共同体发展的意义，以及教师共同体治理所需的观念和态度。文化属于教师共同体治理的最高层面，它是教师共同体治理的思想和灵魂，统领着教师共同体治理的制度建设。建立针对教师共同体的制度不仅要重视制度层面的建设，更要注重挖掘教师共同体治理文化的精神内涵，发挥教师共同体治理文化精神内核的作用。

总之，教师共同体治理的文化和制度要素是相互影响、相互促进的。教师共同体治理的制度建设有助于教师共同体治理文化的顺利贯彻，为教师共同体治理文化的内化提供了保障。而教师共同体治理文化反过来又对教师共同体管理制度的建立和教师共同体的发展起着引导和积极的促进作用。上述对教师共同体治理结构的论述，是在理论层面上进行的系统分析，为进一步建构教师共同体的善治模型提供了一个可以参照的理论依据。

第二节　教师共同体的善治模型

模型具有双重身份：一方面，它是主体为了研究对象而使用的工具或手段；另一方面，它又是研究客体的替代物。因此，模型是主体与客体之间的特殊中介。这里主要讨论的是治理过程中善治模型的构建。

"善治"是指治理所要达到的最终目标，是使公共利益最大化的社会管理过程。它是政府与公民对公共生活的合作管理，是政治国家与公民社会的一种新颖关系，是两者的最佳状态。善治要求有关管理机构与管理者最大限度地协调各种公民之间以及公民与政府之间的利益冲突，从而使公共管理活动取得公民最大限度的认同。善治的实现依赖于政府与公民之间积极而有效的合作，因而，公民必须具有足够的政治权利参与选举、决策、管理和监督，从而与政府一道共同形成公共权威和公共秩序。

善治实际上是国家权力向社会的回归，善治的过程就是一个还政于民的过程。善治体现的是国家与社会或者说政府与公民之间的良好合作。从全社会的范围看，善治离不开政府，但更离不开公民，善治有赖于公民自愿的合作和对权威的自觉认同，没有公民的积极参与及合作，就不会有善治。所以，善治的基础与其说是在政府或国家，还不如说是在公民或民间社会。从这个意义上说，公民社会是善治的现实基础，没有一个健全和发达的公民社会，就不可能有真正的善治。①

本研究所要建立的是教师共同体的善治模型。而对教师共同体的善治指的是学校与教师共同体之间形成良好的和谐的治理关系，学校对教师共同体建设积极应对，教师共同体发展最大化。对教师共同体的善治不只是有各种人们同意或以为符合其利益的非正式的制度安排，也包括迫使人们服从的正式制度和规则。对教师共同体的善治是学校与教师共同体之间持续互动的结果。

本研究建构的教师共同体善治模型，目的在于更好地解决当前教师共同体建设中存在的问题，为中小学校建设教师共同体提供可以参照和遵循的依据，促使我国中小学教师队伍建设从对个人化努力的关注转到对学习者共同体的建构上来。教师共同体善治模型一共分为三个部分，分别是文化模块、制度模块和技术模块，其中制度模块分为制度建设模块和检测模块。

一、教师共同体善治模型的文化模块

这一模块呈现的是教师共同体善治文化形成的机制和环节，涉及教师共同体建设在观念层面的转变。文化是教师共同体治理的核心层面，观念又是核心层面的核心。观念是客观事物在人的头脑中的一种能动的反映形式。

---

① 林成华. 走向善治：基于治理理论的高校辅导员队伍建设研究 [D]. 上海：华东师范大学教育科学学院，2007.

"观念的东西不外乎是移入人的头脑并在人的头脑中改造过的物质的东西而已。"① 辩证唯物主义认为，"人在实践活动和认识活动的基础上创造出对象的观念，然后再根据这个观念指导人们的行动，以达到改造和改变客体的目的。当这一观念在实践中实现时，观念的东西就转化为实在的东西。任何观念都是社会存在的反映。观念的实质和其产生的根源要到社会的物质生活条件中去寻找。观念具有相当的独立性，它有继承前人思想和对社会存在的强大的反作用。正确的观念对社会存在起促进作用"②。正是观念统领着教师共同体治理的各个环节，是教师共同体治理的先导。教师共同体善治文化的形成需要学校领导和教师的共同努力。

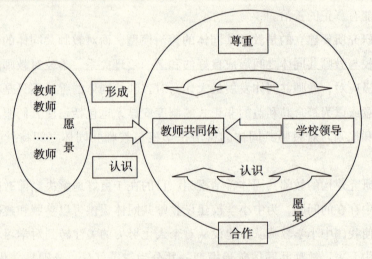

图 4－2　教师共同体善治模型的文化模块

如图 4－2 所示，文化模块中有四个核心要素，即愿景、认识、尊重与合作。其中愿景分为两个层面，一个是教师层面，另一个是学校层面。在教师层面，教师们通过共同的愿景，即实现自主专业发展，自愿地组成教师共同体，也就是说愿景把具有同样目标的教师凝聚到教师共同体中。而在学校层面，学校领导认识到教师共同体对学校改进和学校发展的重大意义，把教师共同体的健康发展作为整个学校的愿景，进而将教师共同体和学校领导凝聚

---

① 中共中央马克思恩格斯列宁斯大林著作编译局. 马克思恩格斯选集：第 2 卷 [M]. 北京：人民出版社，1996：217.

② 冯契. 哲学大辞典 [M]. 上海辞书出版社，1992：712.

在一起。同时，不论是教师共同体中的教师还是学校领导都应该积极主动地去了解教师共同体，认识教师共同体的本质和特点，因为教师共同体治理不仅仅是学校领导的事情，更是教师自己的事情。在认识教师共同体的过程中，学校领导不仅要清楚教师共同体的本质和共性特点，还要清楚每一个具体的教师共同体的情况。在具备了共同的愿景和认知教师共同体情况的前提下，在教师共同体治理过程中，学校领导和教师共同体双方应该采取尊重与合作的态度。这种尊重与合作都是相互的，但由于学校领导所处的特殊地位，学校领导更要注意尊重与协商，时刻注意在治理过程中双方的平等性。

此模块中不论是愿景的形成，信任的建立，还是相互之间尊重与合作的实现，都是建立和发展教师共同体的关键，都是使教师共同体达到善治的必要条件，也为以下制度模块和技术模块的建构提供了前提条件。没有学校领导和教师共同体双方之间文化上的相互沟通、碰撞与交融，是不会有对教师共同体的善治的。因此，教师共同体善治模型的文化模块是教师共同体善治的先导和基础。

二、教师共同体善治模型的制度模块

制度模块的建立有一个前提，就是教师共同体善治文化的形成，也就是遵循以上文化模块的运行机制。只有形成善治文化，制度模块才能够更好地发挥它的作用，否则教师共同体与学校领导之间针对制度建设问题的探讨只能是没有实际效果的"空谈"，而教师共同体和学校内部其他各级各类组织与非教师共同体成员的参与也只能是走形式、摆样子，到头来还是领导拍脑袋，无法真正使制度获得教师的认同，也就谈不上合法性的问题。教师共同体善治模型的制度模块由两部分组成，分别是制度建设模块和检测模块，它们分别强调教师共同体治理在制度建设方面需要注意的事项。

（一）制度建设模块

制度建设模块强调的是学校在针对教师共同体制定相应制度中所应注意的问题，而不是规章制度的具体内容。首先，针对教师共同体这种教师专业发展的新形式，学校领导应该建立一套能够促进其更好发展的规章制度。其次，规章制度的建立应该不断地深化教师共同体内部成员之间的互动、协商与合作。这是一种更深层次的互动和协商，它是建立在文化交融基础之上的，并秉持着互相尊重、合作的态度进行的，是非常富有成效的交流。再次，这种规章制度的建立必须有学校内部其他各级各类组织的参与，这样才能更好地协调学校内部各种类型组织之间的关系。因为学校内部各组织都存在于同一个网络之中，协调的关系才能使整个网络畅通无阻。学校内各类组织的广泛参与，也使得教师共同体治理制度具有全校一致认同的合法性，这样能够使教师共同体在发展过程中与各部门的关系更加和谐，有利于教师共同体更快、更健康地发展。具体流程见图4-3。

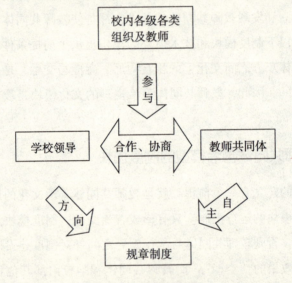

图4-3　制度建设模块

只有通过以上步骤并注意以上问题建立起来的教师共同体治理制度，才能最大限度地反映民意，获得制度的合法性。也正是这种方式，使得教师共同体在学校中与其他部门和谐共生。制度建设，使得学校领导能够通过规章制度来把握教师共同体的发展方向，而教师共同体也能够通过参与制定规章制度来掌握发展的自主权。

而学校传统规章制度的制定往往缺乏教师的参与，都是学校相关部门根据以往惯例以及学校领导的意见拟定的，即使征求教师的意见也是表面上的，无法获得教师内心的认同。教师看似对学校规章制度非常认同，其实是源于对权威的畏惧心理，并没有从思想上进行参与。这种制度是死的，教师对它的感情是冷漠的，它也无法真正调动教师发展的热情，更无法使学校获得更好的发展。在制度建设中，即便有教师参与，在制定过程中教师和学校领导之间也都会"习惯性防卫"，这是建立在教师和学校领导对立的思维方式上的。为了自身的利益，双方都会在一定程度上屏蔽自己的真实想法，用"委婉的"、"含蓄的"、"易于对方接受的"方式曲折传达自己的意图，本质上还是站在自己的立场试图让对方接受自己的观点，而不是开诚布公、以合作姿态寻求对方的理解。① 这种参与和交流，实际上还是"独白"，更多是学校领导的"独白"，因为双方都缺乏应有的认识和尊重，交流的效果肯定不理想。如果以这种传统的制度建设方式来建设教师共同体制度，必然无法获得教师共同体和学校其他各类组织的认同，这不但无法促进教师共同体的发展，无法带动教师自主发展的积极性，而且会消磨教师共同体相对于其他教师专业发展组织的优势，使它无法发挥自身的最大效用，其结果也就只能宣告教师共同体建设失败。

（二）检测模块

图 4 - 4 为制度模块中的检测模块。检测模块所呈现的内容不光是指一次活动结束后所进行的反馈，还包括在活动进行过程中所进行的反馈，而且反馈的对象也不仅仅是学校领导，同时也要反馈给教师共同体自身。这种反馈不是被动的通过报告来呈现，而是学校领导和教师共同体的负责人以及成员通过主动、细心的观察和参与捕捉到的在场的鲜活的情况，或者通过效果追踪得到反馈。学校领导和教师共同体所掌握的反馈信息，不单单指教师共同体内部合作交流的情况、经验和知识的分享情况，还包括学生学习的改进情况，教师共同体活动结果转化为学生成绩的程度等。如果没有学生的改进，一切都无从谈起。学校领导和教师共同体在活动过程中和活动结束后对活动情况进行了解并对整个教师共同体建设情况进行反思，这种反思包括教师共同体与学校领导之间和教师共同体内部成员之间对反映出来的问题的互动和沟通，在此过程中不同主体对问题的不同认识以及相互间文化的又一次碰撞，

---

① 刘文瑞. 组织学习的核裂变原理 [J]. 21 世纪商业评论，2007（12）：102 - 103.

促使更深层次认识的产生，并通过与外界新观念的互动和新的知识的学习，使学校对教师共同体建设和发展的认识又得到进一步升华，并在此基础上产生新的认识，从而修正此前不合适的方式方法，运用新的方式方法来指引教师共同体的建设。此模型借鉴了组织学习中双环学习的架构，意在使学校领导不仅仅对行动进行反思，还要对为什么会产生这种结果，产生这种结果的原因是什么，以及对反映问题的更深层次的前提假设进行反思。对于出现的问题，不仅要治标，还要治本，不仅要对行动结束后的结果进行反思，而且还要对行动过程不断地进行反思，这样使教师共同体建设的问题及时被发现并得以解决，从而更好地促进教师共同体的发展。

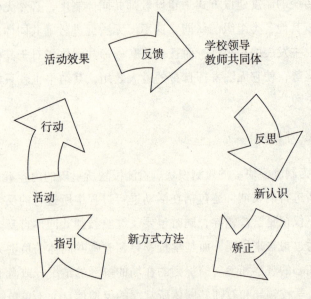

图4-4　检测模块

　　传统的制度建设较少有反馈环节，即使有反馈环节也多是在过程结束后进行的结果反馈，难以及时发现问题，不能够在最适合的时间解决最需要解决的问题，对反馈问题的处理也很僵化。而教师共同体是一个充满活力的专业性组织，是一种新的教师专业发展形式，之前没有可供借鉴的经验。因此，如果不在活动中注重反馈，及时发现问题并随时进行解决，那么极有可能会对教师共同体的健康发展产生不利的影响。而传统的单环学习架构只寻求行为和结果之间的匹配，以保证组织的正常运转。从本质上讲，单环学习可以维持组织的正常行为，但不能取得改进效果，不能够透过行为的现象去认识本质。单环学习强调的是对现状的认知，而双环学习强调的则是对造成现状的原因的反思，这样不仅能够使问题得到更好的解决，而且在反思的过程中还会产生出新的认识。

三、教师共同体善治模型的技术模块

这一模块呈现的是实现教师共同体善治的途径，也就是如何来实现教师共同体善治的具体操作层面的内容，包括达到善治的方式方法和物质保障，它涉及教师共同体管理方式的转变。作为具体操作层面的模型，它需要有前面文化模块和制度模块作为基础和保障，见图4-5。

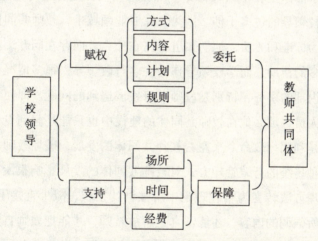

图4-5 教师共同体善治模型的技术模块

在教师共同体治理过程中，具备了文化这一核心层面，也就意味着：学校领导和教师已经明确了发展的愿景，充分认识到了什么是教师共同体，它具有什么特点；学校领导也了解了教师共同体中的每位教师，了解他们关心什么，想要什么，他们的问题出在哪里。那么，通过何种路径实现教师和学校领导的愿景，也就是达到教师共同体的善治呢？这也就是教师共同体治理中技术维度所要解决的问题。在教师专业发展领域，学校应该让教师共同体充分自主发展，让教师共同体中的教师做自己发展的主人，学校领导要尽量减少对教师共同体的行政干预，而是多支持和鼓励。学校要充分地赋权，让教师共同体自行决定活动方式、活动内容、活动安排，自己制订活动章程和规则，特别是在教师共同体内部负责人的选择上，应由教师共同体内部成员推举产生，绝不能由学校领导"空降"。也就是说，学校领导应该在教师专业发展的领域把有关权力委托给教师共同体，教师共同体作为代理人全权负责活动领域内的事务。在这个领域中，学校领导所要做的，也是应该做的，就是支持教师共同体的活动，为教师共同体的活动提供时间、场所和经费的保障，切忌过多干涉教师共同体内部事务。教师共同体作为一个专业性的自治组织需要学校领导的"放手"。

而在传统的行政管理方式下，学校领导对于学校管理事无巨细，事事都管，而且事事都像是在下行政命令。对教师共同体这样的专业组织的管理，十分忌讳学校领导的过多干涉。因为，在专业领域中，教师共同体成员有自身的一套行为标准和方法，他们知道自己在什么方面存在问题，需要在什么方面获得更多的帮助，而学校领导作为一名行政领导，很多情况下不清楚教师专业领域内部的事务，特别是教师自身发展遇到的问题。即便学校领导也是一名专业人员，那么他在教师共同体的建设中也只能是起到专业引领的作用，而不能是利用行政命令来左右教师共同体的发展，破坏教师共同体的自主自治。这种传统的行政管理方式对教师共同体的发展影响很大，只有把传统的行政管理方法转变为治理理论中所强调的授权、减少直接干预等方法，遵循本模块所强调的内容，才能够真正解放教师，才能把教师自身领域中的事务管理权还给教师。教师共同体善治模型所依据的是教师共同体善治的要素，遵循教师共同体善治模型对教师共同体进行引导和建设，应该会对我国中小学教师共同体的建设和健康发展有所帮助。

由以上三个模块构成的模型系统首先符合教师共同体的基本特征，并将复杂的治理理论精简化为分析框架，并在系统分析基础上建构完成。这一模型系统既是一个理论建构，也是一种行动路线的设计。理论与行动在模型中得到了一定程度的统一，使行动更具有理论意义，使理论更具有操作价值。这种模型建构以推动教师自主专业发展为旨归，以教师共同体建设的良性运作，即对教师共同体的善治为操作目的。这种模型具有一定的发现教师共同体管理问题的检测力，检测教师共同体是否达成善治的解释力和指导教师共同体建设的行动力。

模型建构"无论是对社会科学的整体而言，还是单就社会学学科而言，都是重要的，因为社会科学的研究对象从根本上说是思想和符号，而不是物体、技术、公式等。但是即使就社会学领域而言，模型始终是模型。也就是说，它们是对社会现实诸多表现的提炼，并非是如实地描述社会现实的每一个特征。我们不能也不应该把模型看作是社会现实的拷贝，更没有必要把它们变为一种结论性或不变的东西"①。所以，本研究提出的模型应当是一个开放性的、有待于教师共同体实践检验的理论设计。从这一角度看，本研究尚有大量的后续的实践验证工作需要做，该研究只是后续研究的一个必要的开端。

---

① 斯特尔. 社会学理论模型的意义："社会科学化"：社会科学知识的力量 [J]. 刘瑞弘，译. 社会科学辑刊，2006（3）：59－61.

第五章

案例分析：教师共同体善治
模型的实践检验

在完成对教师共同体善治模型的构建后，本研究选择了三个具体的教师共同体治理的案例进行定性分析，以检验教师共同体善治模型的实际应用效果。这三个案例中的教师共同体分别是学校系统推进型教师共同体，学校分类推进型教师共同体和教师自主学校支持型教师共同体。根据之前构建的教师共同体善治模型，本研究对这三种教师共同体的管理实践进行检验，发现了一些带有普遍意义的经验与问题。

第一节　对学校系统推进型教师共同体
治理模式的分析

一、"我的站点我做主"：S市实验小学教师共同体的建设与管理*

在一些学校对教师共同体管理出现不少问题的情况下，我国西南地区 S

---

　　* 资料源自成都市实验小学"教师发展学校"，详见 http：//www. cdeps. sc. cn/Teachers/ShowClass. asp？Class ID =670.

市实验小学对教师共同体的管理积累了许多宝贵的经验。于是，本研究集中对 S 市实验小学进行调研，收集并整理了该校教师共同体的产生、运行，以及管理的情况。该小学教师共同体建设的个案有助于我们进一步认识和理解教师共同体建设已经积累起来的经验。

在基础教育课程改革深入开展的过程中，教师的问题凸显出来。教师的问题主要表现为教师专业发展自主性不足，在职教师的教学质量亟待提高。长期以来，学校对教师实施自上而下的管理，体制的不完善造成教师发展的被动局面：教师缺乏自主发展的时间与空间，缺乏自主发展的内驱力和平台。该校不同层面的教师都出现过被动发展的情况："老教师彷徨"、"名优教师困惑"、"骨干教师疲惫"、"年轻教师发展机会少"。该校领导在教师管理中碰到了一些看似"不可思议"的事情——一些骨干教师在学校提供的各种赛课、研究课、外出学习的机会面前，往往以身体不适或压力太大等为由加以推脱，放弃发展良机。

为转变教师自主发展的不良状态，从 2002 年起，S 市实验小学承担了该省普教科研资助金项目"新课程背景下教师自主发展的实践研究"。在课题研究过程中，该校通过激发教师发展意愿等多种方式，促进教师的自主发展。正是在这种情况下，2004 年 11 月，S 市实验小学正式成立了教师发展学校，主动邀请省教育科研部门和高校学者参与教师发展学校建设。该校认识到传统的管理方式已不能满足教师共同体的发展需要，于是该校三天后建立了教师发展管理委员会，全面协调、统筹教师发展事宜。而教师自主活动联合会由党支部、行政部门、科研室、各教师共同体负责人，以及工会、后勤负责人组成。

教师自主发展最重要的活动机构就是根据教师们的需求，在教师们共同设计下而产生的各个站点。每个站点的主持人具有相当重要的作用，站点的主持人是以自荐或推荐的方式民主产生的。这些站点的主持人都是来自一线教师。站点自主开展各项活动，教师根据自己的愿望有选择参加或退出的权利。该校刚开始有四个促进教师发展的站点，这些站点实质上就是我们所说的教师共同体。每个站点的主持人负责各自站点活动的组织、策划、设计、实施。以每期每位教师参与站点活动的积分为准，教师按照自己的需求和兴趣自主确定参与站点活动的时间和次数。

S市实验小学对教师共同体的管理形成了有效的运作模式。各种站点的开设是基于教师发展，为了教师发展的，因此当教师有进一步发展的需求，当学校感到要为更多的老师提供更专业的服务时，就可以在广泛征求教师意见和建议的情况下，动态生成一些站点，让站点的活动来源于教师又服务于教师。比如教师发展学校在成立之初形成了"魅力课堂"、"精神家园"、"五彩驿站"、"心灵氧吧"四个站点，对教师的课堂教学、读书学习、学校活动和心理健康加以关注，但随着教师发展学校的深入推进，还产生了"阳光地带"、"雅园地平线"、"雅园讲坛"、"网络空间"等站点。

同一地区的另外一所学校到该校交流学习，向该校提出要进行有效的教学研讨、班主任工作研讨和校本教研方式的研讨。活动定下后，具体的研讨方案由"魅力课堂"站点主持人同教师们共同协商，经过与分管校长和教导主任讨论后最后敲定。该站点主持人认为，兄弟学校的老师不应当只是被动参与，也应该将教师发展学校中"自主发展"的理念传递给他们，让他们也参与到学习研究中来。为此，站点主持人设计了一张主题为"有效教学"的记录卡，让兄弟学校的老师们对课堂进行评价，同时对学校校本教研提出自己的看法与建议。这充分发挥了站点主持人的决策权，没有行政命令，也没有考核，但是却大大激发了本校和兄弟学校教师的自主发展热情。

该小学教师自主发展活动站点，即教师共同体的建立，大大地激发了教师的专业发展热情和主动性。而且，各站点没有停留在主观发展的愿望上，而是拥有激励教师自主发展的基本的运作流程。比如，每学期开学之初，该小学通过对全体教师的调查，由各站点主持人提出一学期的工作计划和活动计划，经教师自主活动联合会讨论后实施，教师们可以根据自身的需要进行自主选择。形成学习菜单后，各个站点将根据事先计划好的活动内容及活动形式有组织、有系列地开展站点活动。如"雅园讲坛"定期在星期一"分享时间"中给老师们提供交流平台与业务培训。站点在开展活动前，在网站上发布相关信息，简要介绍本次活动的目的及内容，邀请全体学员参与活动。站点主持人有序组织活动，教师共同体成员和自愿参与的其他教师主动参加各种研讨或交流活动。活动结束后，站点主持人还将通过座谈、网络交流等方式就本次活动进行总结与反思，实现即时反馈，积累经验，改进不足。

教师共同体的建设需要教师们行动起来。离开教师在教育教学实践中的合作研究、学习与发展这些行动，就谈不上教师共同体的建设。该小学教师共同体开展活动的基本流程和操作步骤反映出该校领导志在变革的信心和决心，教师共同体的行动便是这种变革的具体实践。

该小学为了促进教师自主发展，一直在思考制度保障问题，许多关于制度的哲学思想给了他们很大启示，特别是美国制度经济学家诺斯说"制度是一系列被制定出来的规则、守法程序和行为的道德伦理规范，它旨在约束追求主体福利或效用最大化利益的个人行为"①。美国学者康芒斯说，"制度是一种对个体行动的解放，使其免受强迫、威胁、歧视或者不公平的竞争"②。在对这些制度哲学进行反思的基础上，该小学制定了新的教师共同体管理制度，包括：学校各个教师发展站点都拥有相对的自主权，站点主持人在收集教师发展信息的基础上，参考学校教师问卷调查结果，形成教师发展的学期行动计划，包括目标、内容、时间、地点、形式、建议参加人员及积分额度。

而学校领导在各个站点开展活动的过程中会积极给予专业引领和指导，同时还制定了一系列相关保障制度。由党支部、校行政部门、工会、教师联合会等多方面代表组成评聘工作组，在全校范围内组织实施站点主持人的聘任工作。站点主持人接受集体领导，由教师联合会负责管理。站点主持人在教师联合会的协调下开展活动，有效保证了教师自主发展的权益。各个站点的设置重在促使教师进行自我管理，并通过自主管理达到自主发展。站点主持人的权利包括：站点主持人每月享有额外工作津贴；站点主持人有向教师发展管理委员会申请人力、物力、财力支持的权利。站点主持人的考核由教师自主发展评审组组织考核。

此外，该小学还制定了教师自主发展的一系列制度，对保障教师共同体活动的顺利开展创造了有力的制度条件，如新教师培训制度、名师展示制度、主题教学月研讨制度、教师自主发展评价制度以及读书制度等。

该校对教师自主发展的评价很有特色，由教师自主发展评审组负责，评

---

① 诺斯. 经济史中的结构与变迁 [M]. 上海：上海人民出版社，1994：225-226.
② 康芒斯. 制度经济学 [M]. 北京：商务印书馆，1994：86.

审组成员主要包括：教师自主发展管理委员会成员、教师自主发展联合会各站点主持人、各学科组长、普通教师代表。教师自身纵向评价与教师之间横向评价相结合；以教师自评为主，以教师横向评比为辅；注重过程评价以及评价对教师自主发展的促进作用。横向评比更多尊重教师的自主意愿，由教师自主申报，并更多由教师自主发展评审组来实施评比。纵向评价主要以教师原有发展水平为评价起点，以教师自主发展规划为评价标准来进行自我纵向评价。

总之，S市实验小学教师共同体以活动为背景，以现代教育思想和理论为支撑，督促教师们学会运用反思的方法促进教学问题的解决，使教师尝到反思的甜头，并以制度的形式让这一思维方式成为工作习惯。教师成长需求得到满足，教师自我价值认同感得到提升，教师成就感得到加强，教师自主发展的热情高涨，教师专业发展自主性不足的问题逐步得到解决。

在访谈中，S市实验小学校长在回答"教师共同体管理的主要经验是什么"的问题时，他总结为以下几点。

（1）确立理念。S市实验小学的教师发展学校就是为教师专业发展、全面发展、自主发展搭建的一个载体与平台，以活动促发展，以教师为主体。（2）机构精简、扁平。两大管理机构凸显为教师发展服务的功能与以教师自主发展为核心的管理。以教师需求为主动态生成站点，由一线教师自主担任站点主持人，主动组织、参与教师专业发展活动。（3）菜单式的校本培训模式为教师专业自觉提供了机会与活动。（4）无惩罚的教师自主发展制度体系建设为教师的自主发展提供了制度保障。（5）多元的自主评价制度重视教师发展的过程评价和主体评价，如教师自主发展成长记录册的使用、优秀学员的评比、学习积分卡的使用、学术假的申请等，倡导自主和多元的评价方式。

以上S市实验小学教师共同体建设的案例说明，该小学领导对教师共同体的管理体现了"教育发展，教师为本"的思想，其经验的核心内涵是：信任并尊重教师，重视赋权，重视教师合作发展。这种实践经验使我们对教师共同体的建设与管理充满信心，以这样的实践为基础，吸纳现代管理理论的营养，必将会为教师的自主发展营造出一个良好的环境。

二、教师共同体善治模型的分析与检验

学校领导高度的责任感、对教师专业发展的深度理解和对现代治理理念的把握是该小学教师共同体建设的前提。这里用前文建构的教师共同体善治模型对该小学的教师共同体进行分析。

首先，用教师共同体善治模型的文化模块进行分析。该校领导对教师专业发展有深刻的认识，高度重视教师专业自主发展。学校领导充分发挥教师的主体意识，大力推动教师共同体的建设。校长充分尊重教师的意见和建议，放手让各站点主持人自主开展工作。每个教师共同体的活动设计都紧紧围绕学校教育教学实践的需求，紧紧与教师的意愿相连，既满足了学校的发展要求以及共同体对不同层面的愿景的设计，又使教师在充分得到尊重的情况下，让专业发展成为自己想做的事情。教师可以在这种氛围中与其他成员愉快合作，自主开展教学研究与经验交流，有信心，有方向。该校在教师共同体治理过程中，应当说已经具备实现教师共同体善治的文化要素。

其次，用教师共同体善治模型的技术模块进行分析。该小学在教师共同体建设中真正实现了赋权，让教师共同体享有自主开展专业活动的权力，鼓励教师做专业发展的主人，"我的站点我做主"成为该校教师共同体的标志性话语。各个教师共同体自己决定开展活动的内容、时间、地点和方式，这也证明了该校领导充分相信教师，对共同体开展活动采取支持而不干预的正确治理方式。该校领导对各站点的活动给予了必要的经费支持，能够提供相应的时间、地点等保障条件。

最后，用教师共同体善治模型的制度模块进行分析。该小学为教师共同体这一新兴事物的成长设立了一系列旨在促进教师形成自主发展意愿和行动的教师共同体制度，形成了一系列关于站点主持人的规定，还有一整套支持教师自主发展的基础性制度。该校的教师自主联合会是有教师共同体参与的站点管理机构。学校在有关规定制定前会与教师共同体协商，规定的实施过程由教师联合会监督，并及时将教师共同体的执行情况反馈给教师发展委员会，由此及时总结经验、矫正问题。

该小学教师自主发展模式和教师共同体的建设已经获得了广泛的好评，得到了所在省的重视与奖励。但是，该校的教师共同体还有很大的发展空间。解决教师自主发展与学生发展以及教师共同体建设与提高学生学习质量的关系问题，是实施教师共同体治理的重要目的。而在这些方面，该校教师共同体发挥的作用不是特别明显，需要进一步解放思想、扩大认识，增强对教师共同体的治理效果。

第二节　对学校分类推进型教师共同体治理模式的分析

一、多元化的学习共同体：B市G中学教师共同体的建设与管理*

本研究在对网络文献的筛选中发现，B市G中学的教师共同体建设与管理很有特点，并具有一定的代表性。下面是该校的一些情况。

G中学校长敏锐地发现，这些年来，教师专业发展的"猛药"催生了各级各类的教师培训。但这种"快餐式"的通识集训，参加者在培训现场往往豪气冲天，一旦回到教育现场，面对层出不穷的教育教学难题时，其激情和豪气往往经不起折腾，很快就偃旗息鼓，职业的倦怠感紧跟着如同藤蔓般缠绕过来，越来越紧，使其渐渐窒息。观念的转变大都需要经历潜移默化的过程，在培训中企求获得"立竿见影"的效果是不现实的。看到一哄而上、"流水线"、"大跃进"式的培训难以真正满足教师心灵深处渴望提升自我的需求，难以真正促进教育的发展的现实后，为了解决这一问题，该校长把目光转向了建立教师的学习共同体。

当前，中小学校推进课程改革的一个突出障碍是教师缺乏自我发展、主动学习的意识。考虑到这种情况，该校领导立足学校教育教学的实际状况，大力推动教师共同体建设。（该校称为学习共同体。）其目的是以此开

---

* 资料源自徐晓华的《以多元化学习共同体建设，促进教师发展，实现学校发展主题》，详见 http：// www. ftedu. gov. cn/othernews/news_ show. asp? wt_ id＝1178&f_ id＝4500.

发教师的潜能，提升教师学习、反思和研究的能力，进而推进学校的可持续发展。

该校的学习共同体是多元的，其中有领导干部学习共同体、班主任学习共同体、教研组长学习共同体和青年教师学习共同体。教师共同体涵盖了班主任学习共同体、教研组长学习共同体和青年教师学习共同体三大类。这些教师共同体围绕学校发展主题，从不同角度研究教学问题，促进学校发展。该校教师共同体建设的直接目的是使学校里的每一位教师都能参与到不同共同体的不同活动之中，积极学习，并在学习中获得对教育教学实践的新理解，从而获得专业进步。

学习是该校学习共同体的核心任务，这所学校把学习共同体视为在教育教学实践中合作探究与交流、认真反思和研究、不断开拓和创新的学习组织。

该校把民主开放和全员学习的氛围作为学习共同体建设的前提保证。该校领导认为，良好的学习氛围是学习共同体创设的基本前提，它来源于学校民主、开放的管理，来源于教师积极、热情的参与。他们倡导"多倾听教师的心声"、"多与教师沟通交流"、"多为教师解决一些困难"，积极构建民主、团结、和谐的校园文化，同时为教师营造一种积极的学习、交流的氛围，使每一位教师都愿意参与建立开放、信任的学习共同体。

该校校长提出，校长是一个学校的灵魂，要成为首席学习官。校长不仅要依靠手中的权力来管理学校，更重要的是以他的思想感染和教育学校中的每一个成员，校长的好学精神对教师和学生是一种很好的引领和示范。在干部学习共同体的建设中，该校校长主动学习并带领其他干部一起学习，把对学校工作具有指导意义的书籍推荐给其他干部，随后交流学习体会，不断提高理论水平和认识水平。

该校明确要求，每名干部要结合各自负责的学习共同体的建设工作，学习有关理论，并在规定时间内向全体教师进行传播，以强化干部读书学习的意识，提高干部的理论素养。

为了更直接有效地了解学习共同体的建设情况，学校安排干部分别负责各自对口的年级组和教研组，参与年级组和教研组的各项活动，和教师们一起开展研究工作，共同解决在学习共同体建设中遇到的困难，推进学习共同体的建设。另外，学校每个月都要安排一次干部例会，专门了解学习共同体建设工作的进展情况。首先，由每名干部汇报各自负责的学习共同体建设的情况，提出目前存在的问题和解决问题的方案。然后，大家在讨论和交流中达成共识，明确解决问题的具体措施。最后，每名干部带着集体讨论形成的工作思路深入到各自负责的学习共同体中，带领教师们继续开展工作。

该校鼓励教师成为学习型教师，结合校本培训工作，学校提出具体明确的读书要求——每学期至少要读一本教育理论方面的书籍，做好读书笔记，每学期初进行读书笔记的展示，评出"读书积极分子"，并在全体会上为大家进行展示，以此加强教师读书学习的意识，维持良好的学习氛围。

该校基本上是以中年教师和青年教师为主，参加工作三年以内的新教师占全体一线教师的45%左右，平均年龄不足三十岁。该校基于教师个人的发展愿景，形成了学校的共同愿景——不同层次的教师在组织的帮助与支持下都能获得发展与提高。为实现学校的共同愿景，领导研究确定了学校的发展主题，细化了不同年龄段教师发展需要解决的突出问题，以建设学习共同体的方式给予有效解决。

不同年龄段的教师的发展需求和所要解决的问题不尽相同，所以，学校的学习共同体要多元化。多元化是指构成人员多元，其中要涵盖学校所有学科的教师和学校管理者；同时，各学习共同体的研究内容和形式也要多元，从多个角度、多个层次给予教师帮助，最大限度地满足教师不同的发展需求。多层次是指组织结构包括四个层次：领导干部学习共同体、教研组长（教研组）学习共同体、班主任学习共同体和青年教师学习共同体，从而构成网络状、立体的组织结构。换言之，每一位教师都会置身于一个或多个共同体之中，以此得到更加全面的发展。

领导干部学习共同体要始终把学校发展作为核心工作，加强学习，提高干部专业引领水平；同时，领导干部还要深入到各个学习共同体之中，和一线教师一起研究工作中遇到的困难，提出解决的思路，及时总结成功的做法并加以推广。

教研组长学习共同体既是面向教研组长的，也是面向每一位教师的，是通过教研组长学习共同体的建设带动各学科教研组的建设。它由教务主任负责组织，教务主任定期研究各教研组落实学校发展主题的情况，以及存在的问题，交流各组的成功做法，分享经验，共同研究解决困难的方法。然后，教研组长带着新的思考回到教研组，带领全组教师继续开展围绕发展主题的研究工作。

青年教师学习共同体旨在通过校本培训解决新教师的基本功问题。青年教师在参与教研组学习共同体建设的同时，还置身于青年教师共同体的建设。同样，班主任学习共同体成员既是一名普通的科任教师，同时也许还是教研组长或青年教师学习共同体的成员。因此，他们的发展与提高会得到多方位、多角度的帮助，每一位教师的发展将得到全面而综合的帮助，这样无疑会使他们成长得更加迅速。多元化的学习共同体建设促进了每一位教师的发展。实践证明，越是置身于多个共同体的教师，其进步、提高得越快。

该校建设了班主任学习共同体，该共同体以德育校本教材为载体，在学生中建立了"生活化合作小组"，努力提高学生的学习能力，使其养成良好的学习习惯。在这个学习共同体建设中，每一位班主任都在认真思考、设计和实践着，并开始了教师和学生共同研究、解决学习习惯和学习能力问题的有益尝试。

该校 L 老师虽是一名参加工作刚两年的数学老师，但她深受学生和家长的信任和喜爱。一直以来有个问题困扰着她，她教的学生的数学成绩总是不很理想。L 老师也抓紧一切时间给学生们辅导，可是效果并不明显。在该校进行学习共同体建设时，L 老师积极参与教师共同体的建设，她既是数学教研组学习共同体的成员，同时也是青年教师学习共同体的成员。经过不断学习、反思与探讨，她逐渐找到了一条提高教学质量的途径：借鉴学校教师共同体建设的经验，构建班级学习共同体，将小组合作学习作为课堂教学改革、提高教学成绩的一个有效途径。经过与学生沟通，她把班级学生划分成几个合作小组，旨在使学生在互帮互助、合作学习中获得知识，提高学习能力。

二、教师共同体善治模型的分析与检验

这里用前文构建的教师共同体善治模型对该中学的教师共同体进行分析。

首先，用教师共同体善治模型的文化模块进行分析。该校领导对基础教育课程改革前提下教师专业发展的意义，以及传统教师培训的弊端有深刻的认识，充分了解到教师专业自主发展的重要性。因此，该校领导积极发起校内教师共同体建设，建立各种不同层面的教师共同体，鼓励在实践中进行合作学习和研究。该校在教师共同体治理过程中，对文化这一核心维度中的"认识"要素已经做了大量必要的工作。

其次，用教师共同体善治模型的技术模块进行分析。该中学在教师共同体治理中应注意形成教师共同追求的愿景，增进教师的凝聚力。该校领导对教师共同体活动能提供时间、地点等条件，但是没有实现真正的赋权，在共同体的治理中采取的是传统管理中"头头抓，抓头头"层层落实的办法，并没有明确教师共同体的权利。同时，校领导深入教师共同体，大有"分兵把口"之势。该校领导工作抓得紧、抓得实，很负责任，但是缺少对治理技术模型的核心内容——赋权的理解和操作。这是该校教师共同体治理需要解决的一个大问题。

最后，用教师共同体善治模型的制度模块进行分析。该中学教师共同体治理的突出特点是将教师发展与教学质量的提高和学生的发展、学校的发展密切结合，并取得了较好的成绩。但是，该校没有实现教师共同体对自身的管理，缺少这一具有边界意义的指标。至于该校建立的领导班子共同体，虽然反映出校长的重视与决心，可是这种共同体只不过是集体面貌的"个人"，是加在教师共同体头上的"领导板块"。

按照教师共同体的善治模型进行检验后发现，该校对教师共同体的治理还需要学校领导在思想上对治理的文化、技术、制度三个层面进行深入的分析和理解，同时还有一个观念转变的问题，比如权力观。尽管从文献上看，该校的教育教学发生了很大变化，但是如果教师发展缺乏自主意识和内驱力，教师自我发展的热情和积极性就不会持久，学校也很难获得可持续的发展。

第三节　对教师自主学校支持型教师共同体
治理模式的分析

一、卓越师生：D市W小学教师共同体的建设与管理*

D市W小学的教师共同体不是由学校领导推动建立的，而是由不同教师自发自愿组成的。它是各学科的教师本着共同学习、探索教育问题的目的，自发自愿走在一起的，是一个探索教师专业发展的团体。

该教师共同体在一开始的活动中就明确了共同体的含义、目标，这样做是为了明确前进的方向。他们认为"共同体"是指由共同利益联系在一起的团体，并援引麦考来和戴维斯对共同体的描述：对于不同的人，共同体有不同的含义。对一些人来说它是通过相互协作来确保个人生存的乐园；而对另外一些人，共同体是一个能够获得情感支持的场所，这里有好友之间的亲密关系和同甘共苦。一些人把共同体看作个人成长的熔炉，对另外一些人，共同体则只是一个成就个人梦想的地方。而该校教师共同体的目标是组建一支真正把学习与研究融为一体的团队，在这个团队中以自己的刻苦学习作为获得成长的根本路径，记录下自己的成长足迹，从平庸走向优秀，从优秀走向卓越，最终成就自己的个人梦想，并创造属于自己的教室奇迹！

该教师共同体设立了卓越教师的专业发展标准，希冀所有共同体成员都向这一标准看齐。这一标准就是："能够以庄重、慈惠的人格滋养宽厚、勤敏、诚信的人格。德才兼备、内外兼修，为仁人之师，个性灵动。保持自己的思想并将思想应用于自己每天的教育生活中，拥有自己的教育体系、教学课程。引导学生将每天的学习与生活融为一体。在学习团体中能够严谨沉静、合作共享。"

同时，该教师共同体还拟定了卓越学生的标准，因为教师专业发展的目标是直接指向学生的，任何教师专业发展的活动如果脱离了对学生发展的促

---

* 案例源自"鹤舞清影"维明教师专业发展共同体活动，详见 http：//space.qxxjy.cn/？action－viewnews－itemid－9786#。

进，不论形式上做得多好都是失败的。该教师共同体拟定的卓越学生标准为："树仁、尚礼、修言行——德才兼备、内外兼修。"具体的解释是：内外兼修，外修言行，内修气质。"德"是做人的根本，"才"是提升做人品质的保证。树仁：围绕庄重、宽厚、诚信、勤敏、慈惠来克己修身。（教师通过儿童课程与自己的课程双轨并行来塑造人格）尚礼：仁存于心，礼见于行，在人格的形成与塑造过程中彰显"礼"，做到在校园、班级、家庭、社会中的言谈举止得体、大方，彰显精神上的"贵族"气质。修言行："行走、说话、思考"是儿童发育的三个基本阶段，在小学生活的儿童应努力得到说话与思考的锻炼，为进一步学习和发育打下良好的基础。语言为儿童开辟了与周围世界的联系中感受自己的途径，这时，他开始将感受在思考中复制。让学生在语言表达的练习中，最终获得思考能力的长足发展。立足于全员育人，该校制订详细的育人标准。仁：（1）能尊重他人，这是对自己最好的尊重。（庄重、宽厚）（2）能体贴别人，给他人带去帮助。（诚信、勤敏、慈惠）（3）有自己的行为准则并奉行不悖，达到"己所不欲，勿施于人"顺应天地的境界。礼：（1）行为愉悦他人。（2）自觉地懂礼守礼。语言：（1）能够思路清晰地表达。（表现为对学科知识的掌握，为自信奠基）（2）能够声音洪亮、大方得体地表达。（洪亮、大方、得体的背后是对自我的肯定，为良好人格奠基）（3）睿智、充满思想地表达。行为：拥有"坚毅、博学、和谐、尊重"的品质，并反映于自己的行为。

在教师共同体的活动中，学校的教导处深入其中，给予身处一线的共同体成员以尽可能的帮助。因为一个人的力量是有限的，他往往在错误中认识不到自己的错误。只有对话的共同体，命运息息相关的共同体，才能把团队带向一个新的高度。

教师共同体的职责是教师们共同商议的结果，其基本内容包括：（1）优质资源分享。（2）深度参与集体研课、上课以及共同阅读与书写等教师专业发展实践。（3）提供发展平台与契机。（4）参与各学科的教研活动。（5）随时记录活动动态与成长过程，发布相关信息。

教师共同体成员的责任或者说是义务包括：（1）积极并按时参加活动。（2）浏览共同体内部网站，观看优质帖子。（3）阅读好书与观看好电影。

（4）重新审视自我。

在此基础上，经过协商，教师共同体成员的权利包括：（1）在每次活动前以一首诗歌作为开场白。（2）有及时制止任何没有意义的活动的权利，并提供好的建议。（3）在每个成员的生日时举行一次庆典。（4）记录自己和孩子们的成长故事，组织者及时发现，并为每个成员取得的细小进步共同庆祝。

二、教师共同体善治模型的分析与检验

我们可以看到，这是一个由学校教师自发组成的、旨在促进自身专业发展的教师共同体，在这一点上与前两个案例有很大区别。如何对这种自下而上的，不是学校领导推动，而是由教师自发成立的教师共同体进行治理，也是本研究重点关注的问题。根据本研究设计的教师共同体善治模型，对这种类型的教师共同体进行分析和检验。

首先，用教师共同体善治模型的文化模块进行分析。学校领导应该采取尊重与合作的态度去认识和了解这样一个教师专业发展组织，认识到教师共同体对整个学校的重要性，特别是认识到这种由教师自发形成的教师共同体的可贵以及它的重要性。这种形式的教师共同体充分体现了教师自主发展的热情，体现了教师想要通过相互之间在教学和研究方面的合作与分享实现自身专业水平提升的迫切愿望。学校领导在深入了解教师共同体各方面情况的基础上，应充分尊重教师共同体自身所形成的文化，引导教师共同体形成与学校发展互相协调的愿景。只有这样，二者才能够相互认识并在观念层面达成一致，也就是滕尼斯在其关于共同体的论述中所提到的"默认一致"，这种"默认一致"是促进教师共同体团结发展的不竭动力。该校领导对教师共同体表面上是零管理，实际上是颇具治理意义的。学校领导支持教导处深入教师共同体，就是一种战略性安排，既给共同体以广阔的活动空间，又有针对性地通过教导处进行信息交流，确保共同体发展的正确方向。

其次，用教师共同体善治模型的制度模块进行分析。学校应该建立与教师共同体相适应的规章制度。在这种规章制度的建设当中，学校领导应该注意与教师共同体以及学校内部其他各级各类组织之间的互动和协商，因为教师共同体是存在于学校内的一种组织，是学校内部众多不同类型组织中的一

个，它的运行不可能脱离学校内部的大环境。因此，在整个学校广泛参与的背景下所制定的针对教师共同体的规章制度一定是最具合法性的，由此在贯彻与执行过程中也应该是最顺利的。在制定教师共同体的制度的过程中，学校领导只需把握住教师共同体活动和发展的大方向即可。该校缺乏针对教师共同体的具体的正式制度安排，这是今后应当考虑的问题。

此外，从对本案例中教师共同体治理的检测来看，学校在教师共同体的制度建设中要加入反馈环节，及时对教师共同体发展中存在的问题进行反思和改正。因为教师共同体是一种新兴的教师专业发展形式，鲜有经验可循，理论方面的指导也十分缺乏，在这种情况下，反馈环节就显得尤为重要。通过反馈环节，学校领导和教师共同体自身能够不断地对教师共同的发展状况和活动的动态进行反思，对每一阶段活动的结果进行追踪。对于发现的问题，学校领导和教师共同体成员之间需要不断沟通，这种沟通是学校领导与教师共同体之间文化的再一次碰撞，并在碰撞中产生新的知识，不断对已有的不适合的观念、制度和方法进行修正，从而为教师共同体的善治打下基础。

最后，用教师共同体善治模型的技术模块进行分析。在文化和制度都已经确立和健全的情况下，最重要的就是技术的问题。这里的技术包括两个方面，一方面是学校领导管理的方式方法，另一方面是教师共同体运行的物质保障。对教师共同体的清晰明确的认识为学校采取合理的管理方式打下了良好的基础。在管理方式方面，学校领导应该注意授权。授权是治理理论的一个核心内容，只有善于授权，善治才成为可能。在教师专业发展的领域，把如何发展的决定权交还给教师，对教师共同体的持续健康发展来说，是一个非常重要的问题。在此基础上，学校领导减少对教师共同体内部事务的直接干涉，是保证教师共同体正常运行的关键。教师共同体自身的活动方式、活动内容、活动计划和活动规则是教师共同体内部的事务，具体如何安排是教师内部的事情，如果学校领导事无巨细什么都管，什么都要插手，不但无法产生积极的效果，反而会挫伤教师共同体成员自主发展的积极性，阻碍教师共同体的发展。在物质保障方面，学校要尽量保证教师共同体活动所需的经费、场所和时间。如果没有这些物质方面的保障，再好的教师共同体，教师有再大的自主发展愿望也是没有用的。在本案例的教师共同体活动中，教导处深入其中，为教师共同体的活动提供各种便利条件。但教导处的力量毕竟有限，在各方面的协调上也存在困难。在这种情况下，学校领导的积极引导和支持必然会激发教师自主发展的积极性，更好地促进教师共同体的健康发展。

以上三个案例呈现了三种教师共同体，一种是学校系统推进型教师共同体，一种是学校分类推进型教师共同体，一种是教师自主学校支持型教师共同体。本研究运用教师共同体的善治模型对这三个案例进行了分析，指出了学校对已有的教师共同体在管理中存在的问题，并解答了如何对教师自发形成的教师共同体进行管理的问题。从以上分析中可以看出，本研究建构的教师共同体善治模型系统具有一定的解释力，对于观察并发现教师共同体治理的经验与问题具有一定的检测力，对于实施教师共同体的善治具有一定的行动力。但是，这种模型系统的建构毕竟还是初步的，其意义和效果还有待实践的进一步检验。

第六章

现实路径：教师共同体实现
善治的重要条件

通过对三种产生方式不同的教师共同体的分析发现：这些学校的校长都具有很强的事业心，锐意进取，捕捉问题，带动学校改进。但是，同为教师共同体，不同校长的管理思路和实际操作竟有如此大的差别，导致这些差异的原因很多，其中一个直接原因就是校长的专业化程度不一样。S 市实验小学校长在管理教师共同体的过程中，将新制度主义经济学的思想和教师专业发展的理论相结合，明确提出：促进教师自主发展是教师共同体建设的目的；学校不断规范与完善教师发展学校的具体运行程序，以期为教师们提供最便捷的服务和最有效的指导；不断提高教师自主发展意识，提升教师自主发展能力。而 B 市 G 中学校长虽能感受到目前教育培训的弊端，但是，在解决弊端方面，思路显得陈旧，没能摆脱传统管理理念中负面内容的影响，对教师发展缺乏理论支撑，尽管十分努力，但恐难实现对教师共同体的有效管理。

教师共同体是适应教育改革与发展的需要而产生的教师组织，它具有全纳性，包含了年龄、性别、教龄、职称各异的一所学校的所有教师。对教师共同体的管理需要改变传统的科层制管理模式，而代之以治理。前面论述了这种改变的必要性以及教师共同体治理的理论与操作，但教师共同体真正实行善治必须伴之以校长新观念的树立，这是切实实现教师共同体善治的必由路径。那么，校长需要树立哪些观念呢？本研究认为校长主要应理解并树立教师专业化观念、现代治理观念、战略型领导观念和教学改进观念。具备这些观念的中小学校长能够为教师共同体实现善治提供必要的现实条件。

第一节　校长要理解并掌握教师专业化观念

校长作为教师中的教师、教师专业发展的引领者，其专业化建设的重要部分就是深刻掌握教师专业发展的理论知识。现在很多校长对教师专业发展观念的理解都是很表层的，满足于人云亦云的表面上的理解。如果校长缺乏专业的理论知识，对教师专业发展的基本理念不清楚，对教师自主发展的重要意义认识不到位，对以实践为基础的教师自主发展的丰富内涵理解不够，那么对以促进教师自主发展的教师共同体的善治也就无从谈起了。

现在，有些学校的校长并不知道何谓教师专业发展，以为就是备好课、上好课，除了一些新的词汇没有什么值得真正关注的。这样的校长对教师专业发展的认识还停留在形式上。上级要教师搞研究，学校就把教师承担课题、写论文发表论文作为教师评价的硬性指标，而并不深究教师做研究的意义和实践价值，这给教师造成很大的心理负担，导致教师职业倦怠，根本谈不上自主发展。合作研究是教师共同体开展的重要活动，这种合作研究往往是根据教育问题和学习问题进行的。校长并不知道合作研究对于教师发展的价值，把研究仅看成是管理教师的指标，一切都要符合学校的规定，把教师绑得死死的。在这种情况下，教师共同体就没有了自己的空间，不是基于实践问题做研究，而是摆样子、搞形式，跟着学校的指挥棒搞研究，如此一来就失去了教师共同体存在的意义了。

同时，教师专业发展理论的一个重要观点就是赋权增能。20 世纪 80 年代，美国在总结以往教育改革教训时发现，改革失败的原因主要在于这些改革方案的制定与实施都是自上而下的，忽略了学校、地方的态度，特别是教师的作用。政策制定者认识到，教师应是教育改革的主导者、行动者，而不应被视为学校教育改革的对象。因此，在教师专业化运动中，"教师赋权增能"成为一个重要的选择。校长如果了解这一观点，赋权给教师共同体，将一些权力与教师共享，就会大大地激发教师自我发展的愿望和能量。教师赋权增能的实现能提高教师共同体参与决策的积极性，提高教师身份的自我认同，改变部分教师将自己视为"打工仔"的角色误判，从而让教师共同体自主地做出决定，让教师真正具有活动的自由空间。

20世纪90年代始，学校注重从文化、组织、制度等层面研究教师的专业发展，密集的专业交往、对话、合作成为教师专业发展的新内容，教师共同体的建设成为教师专业发展的新形式。"共同体并非一层均等铺设在每位个体下的底子，也不是大家最深之处均等共有的某种成分，因此，说不同的个体因为共同体而互相联结，不如说他们因共同体而更了解自己与他人的差异、限度，而共同体内在的统一性，也并非自然存在，而是在不断的陈述与讨论中被形成、再修正、再形成。"①

在教师共同体中，教师们在互相认识中认识自己，在互相启发中促进整体的专业发展。这时的教师专业发展已不是与学生、与学校分离的个体奋斗，而是连接学生发展和学校发展的中间环节。因此，只有积极推动教师共同体的建设才能真正促进教师发展、学生发展和学校发展。这是校长必须了解的教师专业发展的新趋势。

与此同时，教师共同体自主发展需要解决教育教学的实际问题。教师的发展也需要校长的示范和引领。校长具有教师专业发展的示范能力是十分重要的，如此校长与教师共同体对话时才会有底气，教师也才会认同校长对教师专业发展的指导。

教师专业发展的观念是丰富的，也是动态的。校长只有不断地学习教师专业发展的知识，才能有与教师共同体对话的基础。重要的是，这种学习应当是基于学校教育教学实践的，不是简单的知识记忆，而是教师专业发展能力的获得。校长只有不断丰富自己的教师专业发展知识，提升专业能力，示范课能上得去，研究课能有新意，听评课能提出有价值的建议和意见，对学生教育能准确、有效，才能与广大教师有共同的集体记忆，才能在实践中发

---

① 南希. 解构共同体 [M]. 苏哲安，译. 台北：桂冠图书公司，2003：39－43.

挥对教师共同体的专业引领作用。

中小学教师共同体的出现与发展促进了教师之间知识和经验的交流与分享，提升了教师自主发展的积极性，促进了师生更为积极的教学相长，为学校的进一步发展创造了可能，也对我国教师教育改革产生了积极影响。但是针对教师共同体这种新的教师专业发展形式，学校在对教师共同体的管理上却是一片空白，没有任何现成的理论与成熟的经验可以借鉴。因此，中小学校长在理解和掌握了教师专业发展观念后，如何对教师共同体进行有效管理，使其获得健康稳定的发展，就成为了一个绕不开的新课题。在对如何建设和管理教师共同体进行研究的过程中，笔者发现首先是治理观念的建立。

第二节　校长要理解并掌握治理观念

如果说校长树立教师专业发展观念使得教师共同体得以建立的话，那么治理观念则是教师共同体管理过程中校长需要具备的素质。就教师共同体管理而言，校长首先要加强现代学校管理理论的自我学习。现代教育管理广泛地吸纳了管理科学的最新研究成果，正实现管理理念、方式的重大变革，治理理论所代表的管理新成果正在得到广泛的传播。囿于现实的困顿，很多校长感兴趣的是"怎么做"，而对管理理论的学习不重视，习惯"拍脑袋"指挥，缺乏反思。校长缺乏学习管理理论的兴趣，就不可能实现学校管理的专业化，更谈不上对教师共同体的治理。

当教师共同体建立后，有校长认为这一组织冲击了正常的教学秩序，不能直接提高升学率，是教师脱离领导另搞的一套东西。笔者曾和一位有17年教学经历的上海某大学博士生谈起教师共同体的事情，该同学颇有感慨地说，他曾经待过的一所中学的校长就强行解散了一些语文老师自愿建立的诗社，一个本来很生动活泼的、受到老师和学生欢迎的"共同体"就这样消失了。这种做法严重挫伤了教师专业发展的自主性和创造性。

有些校长看到别的学校已经将传统的教师队伍和教师基层组织转变为教师共同体，自己也积极推动，建立了旨在促进教师专业学习与发展的教师共同体，还邀请大学教师参与。但是，由于路径依赖，受传统的管理理念影响，刚性指标加硬性要求使得教师共同体无法自主开展活动，教师自主发展的热情被浇灭了。事实上，现代管理思维方式的转变是非常重要的，由于缺乏理论学习，一些校长还没有及时完成这个转变。因此，提高校长的理论水平是促进教师共同体建设，使其实现善治的重要举措。

这里的治理不是普通名词，也不是简单的管理原则，更不是新瓶装旧酒。正如本书开始部分介绍的那样，2009 年英国南安普顿大学教授、公民与民主中心主任斯托克和印度政治科学家池霍特瑞将网络理论、委托代理理论、社会解释理论、新制度主义经济学、有限理性理论、新参与理论等一并纳入治理理论，使之成为一种蔚为大观的、跨学科的当代管理理论系统。该理论在世界范围内得到传播，并正在被运用于包括教育在内的国际社会的各个领域。

第四章已经专门论述了治理理论对学校管理，特别是对教师共同体建设方面具有的高度适切性。校长要推动教师共同体的建设，搞好治理，首先要加强治理理论的学习与实践。将对治理理论的学习作为校长专业化建设的新举措，要特别注意转变校长的思维方式，使其注重专业伦理的学习，真正以人为本，将教师、教师共同体作为学校发展的主体，尊重教师，体察教师共同体的需求，学会以平等对话的方式与教师共同体进行沟通、协商。在现代管理者所应具备的管理技能方面，授权是一项核心技能。除了授权以外，还有管理者所应具备的三项核心技能，即激活或活化技能、协调技能、调节技能。

校长现代管理理论水平的提高，是实现教师共同体善治的重要条件。学校外部的校长培训机构也应注意加强现代管理前沿理论如治理理论的培训。

十多年来，我国中小学教师共同体已经获得了很大的发展。很多学校形成了建设教师共同体的经验，如北京、上海、重庆、成都、济南、青岛等地的学校都积累了很丰富的经验。学校与学校之间应该重视建设和发展教师共同体的经验的分享。治理理论强调不同主体之间的合作，校长作为一所学校的领导，应该注意促使经验分享的达成。每个学校的情况不一样，也都积累了很多不同的建设教师共同体的经验和教训。不同学校之间对这种经验和教训的开诚布公的分享，能够大大加快各自学校教师共同体的建设和发展。这种分享是一个反思的过程，也是一个建构的过程。

校长还应该具有一种开放的思想，"请进来，走出去"，对其他学校的好的经验应该注意吸收，无论是请做得好的学校的教师到本校来进行指导，还是组织本学校的教师去做得好的学校观摩学习，都是促进经验交流和分享的好方法。而对于本学校的好经验，也应该主动地介绍和传播，这样才能够形成经验分享的双向互动。这种经验分享的双向互动不仅能够对双方学校产生启发，而且在碰撞交流中会产生出更加适合教师共同体建设和发展的新知识和新做法。

校长如果自视清高，故步自封，只是把教师共同体封闭在学校中，不接受来自不同方面的声音，缺乏经常性的专业交流，只会限制教师共同体的发展，使教师共同体的发展被限于学校的围墙之中。现在对教师共同体治理做得好的中小学，其校长的开放程度、信息交流水平都是很高的。

在信息化社会，信息的交流是发展能量产生的必要条件。因此，不同学校之间分享建设教师共同体的经验是推动教师共同体建设的一个有效且必要的途径。

校长作为一校之长，对教师共同体的善治负有第一位的责任，不断学习现代管理理论和教师专业发展知识，提高自身的专业化水平，是促进教师自主发展，推动教师共同体建设的领导上的保障。我国中小学校长是一支很优秀的管理队伍，只要具备现代管理理念，坚持制度创新，抓住教师自主发展这个关键问题，抓住教师共同体的建设不放，正在发展中的具有各种不同称谓的中小学教师共同体就会大有希望。

第三节　校长要理解并掌握战略型领导观念

学校管理者应当如何解决上述问题，促进教师共同体的健康发展，促进教师队伍专业化建设，促进教学相长，进而推动学校改进呢？笔者认为，首先需要学校管理的战略性转移，实现战略型领导。

改革开放以来，我国中小学校管理制度发生了很大变化，各级政府对于学校的管理方式正在由"集权"向"分权"过渡，从 1985 年颁布的《中共中央关于教育体制改革的决定》明确提出中小学校要实行校长负责制开始，1993 年出台的《中国教育改革发展纲要》以及 1999 年全国第三次全教会颁布的《关于深化教育改革全面推进素质教育的决定》都使校长负责制得到进一步落实。学校管理权限的下移和校长负责制的实施为学校的自主发展提供了制度空间，使学校获得了较大的管理自主权，为学校自主制定发展规划奠定了基础。

20 世纪 90 年代以来，学校发展规划作为促进学校发展和学校管理变革的有效策略被引入我国，对我国的教育改革产生了深远的影响。目前，许多省市已将学校发展规划作为评估示范高中必须具备的条件。中小学发展规划的编制和实施推动了基础教育的改革，但是也存在一定的问题，如规划抓不住要点，或规划仅是规划，校长只关注升学率，其他一概不过问，或眉毛胡子一把抓，企图全面推进学校发展等。这种状况就使学校失去了正确的发展方向，看不到影响学校发展的核心要素，形成急功近利而有失长远的教育目标，一句话就是学校领导缺乏战略眼光。

近年兴起的战略型领导是一种关于领导的理论，该理论为学校改革，特别是在将教师共同体作为核心要素制订和实施学校发展规划方面，提供了新的视野和深远的思考空间。

一、战略型领导理论的基本内容

战略型领导理论涉及许多内容。对战略型领导概念和战略意图的理解，是该理论的主要内容。战略型领导是对组织总体的目的和方向的把握，引领组织中整个战略的制定和实施，而战略意图是战略型领导理论的一个先行概念与组成要素。

许多学者对什么是战略型领导从不同角度作了阐述。

比如，哈斯莫（L. T. Hosmer）从功能角度提出："战略型领导是对总体的目标和方向的创造，是引领组织中整个战略的形成和实施的一种领导形式。"①

---

① Hosmer. The Importance of Strategic Leadership [J]. Journal of Business Strategy, 1982（3）: 47－57.

萨摩（C. Summer）则从多种关系的角度认为，战略型领导是一个涉及以下函数的多因素概念：（1）社会伦理和组织伦理的整合；（2）调整关于领导角色、社会和组织构成的观念，并用条文的形式把调整后的观念固定下来；（3）在对组织进行调整过程中考虑社会的影响和权力，战略型领导概念中固有的一点是对组织的发展方向和成长速度，以及长期目标达成的控制。[①] 它涉及个人之间、群体（微观层面上的变量）之间的互动和组织（宏观层面上的变量）之间的互动。

斯瑞瓦斯塔瓦（Paul Shrivastava）等学者从战略决策的角度对战略型领导进行了论述。战略型领导源自战略决策过程。战略决策是个人或群体用于塑造组织战略的一种方法。战略决策有别于其他组织决策。在企业中，有时战略的决策是最高管理部门（董事会）在有关专家分析的支持下作出的，而其他一些时候它们则是源自组织内部董事和外部董事之间的复杂的协商。这些决策会对整个组织产生影响，而不仅仅是其中一部分。用于做战略决策的信息是高度机密的。

战略决策的制定是一个社会过程，在这个过程中会有很多代表不同群体、意见不一的人的参与，因此，他们必须在一个相当长的时间内相互沟通和协商来达成一个多数人满意的决策。在这个过程中必定涉及技术疑难解决、社会调节、政治交易和协商，以及组织层面的交流等子进程。不同的组织背景下的决策制定更多地依赖于跨部门的、部门与组织和群体的交流，而不是两三个关键人物之间的行为或互动。[②]

还有很多环境因素也会对战略决策过程产生影响。领导在作出决策时不仅需要对组织内部的成员施加影响和进行控制，而且需要对外部环境因素进行控制。

战略决策的这些特点对领导在战略的制定和执行方面提出了特殊的要求，要求他们必须能够适应剧烈变化的环境，在充满弹性和界线不明确的环境中解决问题。而以往的很多关于领导的研究没有涉及这种决策制定的背景，因

---

① 王天晓. 学校发展规划新思路：来自战略型领导的启示 [J]. 现代教育管理，2009 (9)：49–52.

② Shrivastava, Nachman. Strategic Leadership Patterns [J]. Strategic Management Journal, 1989 (10)：51–66.

此限制了在战略决策环境中的应用。而战略型领导恰恰是在这种决策背景中产生的。

综合以上各位学者关于战略型领导的定义，笔者尝试把应用于学校领域的战略型领导定义为：战略型领导是对学校整体方向的把控和核心目标的建构，是在对诸多的关系的理解与协调的基础上形成战略决策，引领学校中整个战略的形成和实施的一种领导形式。

二、战略意图

战略意图是战略型领导的一个先行概念与组成要素，而且也是处于经济领域中的公司在管理中经常运用的概念。博伊索特（M. Boisot）指出战略意图是来自公司顶层的，通过直接的、直觉的理解来处理混乱，以指引公司努力方向的方法。而英国霍尔大学国际领导中心的戴维斯（Brent Davies）教授则对战略意图进行了如下论述。①

从意义上来说，作为一种思想来说，战略意图的价值在于它关注的是对学校进行深层次的改进，旨在确立将要获得发展的主要领域，而教师专业发展便是学校深层次改进的主要领域，但在这些领域中不可能有精确的细节的描述。它应能激发组织，包括教师共同体，在寻找创造能力和达成目标的新途径中更富有想象力和创造力。战略意图不可能包括学校活动的方方面面。战略意图具有深刻性和基础性，所以，它关注学校将要发生变化的主要领域——教师队伍建设。

从目标上来说，一定数量的战略意图的产生将会使学校把注意力放在一个主要目标上，这个主要目标就是通过培养组织能力把学校的成绩提高到一个更高的水平。学校不应该设置太多的战略意图（最多5个），更不应齐头并进，而应抓住影响学校发展的核心要素。这些战略意图应该用具体的词语来表示。它们不是模糊的愿景，而是活动的具体领域。学校领导应该知道学校的哪些领域需要根本改变或改进，应该知道他或她想要达到什么目标，但可能不会立即就知道如何去达到这些目标。面对不确定性是学

① Shrivastava, Nachman. Strategic Leadership Patterns [J]. Strategic Management Journal, 1989 (10)：51-66.

校发展战略意图的一个挑战，学校应首先发展组织的能力来理解问题的性质和范围，然后寻找解决的方法。战略意图通过建立组织能力和竞争力来解决根深蒂固的文化问题并对基本原则进行重新思考，而不是通过假设学校有一系列可以付诸行动的简单的线性规划。这种战略意图应当以深化教师共同体对促进教学改进、学校改进的不断理解和设定战略方向为基础的。

从方法上来说，在具体的战略意图的完成上需要有一种方法上的创造力。最重要的是，这种具有创造力的方法能提供一种框架和一系列目标，用以衡量学校的发展状况。这样可以创造一种张力，因为组织当前的资源基础和一系列战略意图之间不可避免地存在着不匹配的问题。没有人会精确地知道战略意图在五年之后会是什么样子，所以学校中的主要领导都会在规划实施过程中注意战略意图和实际情况之间保持应有的平衡。

三、战略型领导视野下的学校发展规划

戴维斯和 B. J. 戴维斯（B. J. Davies）等学者高度评价战略型领导对于制定学校中长期发展规划的意义，他们认为把战略型领导理论引入学校发展规划，意在使学校发展规划着眼未来，具有战略意图。

首先，赋予学校发展规划战略性。传统的学校发展规划没有战略性：它们只有以简单描述或列表形式出现的活动、课程、安置职工、配置设备等，而没有把这些活动围绕着学校的核心目标整合在一起。

战略型领导者不只是关心现在，他同样还要确定学校在未来的走向，因此，他需要为学校的发展设定方向。把战略型领导理论引入学校发展规划，使学校领导在制定学校发展规划时具有了战略眼光，使学校发展规划具有了战略的属性。它使学校领导在制定学校发展规划时能够对未来进行考虑，在充分了解组织当前背景的情况下，根据学校的核心目标确定学校在未来3—5年内需要重点发展的领域，提高学校未来在这些领域的应对能力，使学校发展规划不再是一个细节的操作规划，而是既有长期的对学校重要领域能力的提高与改善的规划，又有短期的操作规划，使学校的教职员工在专业领域内工作的同时，又能为整个学校的发展作贡献。

其次，强调参与，使学校发展规划的制定能够真正获得各方面的智力支

持。战略型领导理论的一个重要观点就是增强分权式领导，而增强分权式领导的关键要素之一就是强调战略对话，在教师共同体中发展战略愿景，强调战略参与，让教师参与战略制定过程，理解并接受学校决策的战略定位与战略视角。

根据这种观点，学校领导应当利用各种方法创造机会，积极与教师共同体沟通交流，动员广大教师员工参与推动学校发展的核心议题，以及将来这些议题该如何开展的讨论，从而促使学校形成一种良好的文化氛围，教职员工在这种文化氛围之中，可以开诚布公地去讨论那些有关学校目前的情况和今后发展的问题。这种战略对话的目的就在于鼓励更多的人员参与讨论学校今后的发展问题。参与的人越多，那么学校从这种高质量的讨论中获得的信息就越多，受益也就越大。教师参与支撑着学校内部的角色转变，这种转变的标志是中层管理人员拓宽角色，由执行角色过渡到创造与协商的角色。这样做也能够使教职工具备宽阔的视野，承担更大的责任。这有助于解决当前学校发展规划中存在的参与人员过少、全凭校长主观决断的问题。

再者，重视规划向实际行动的转化。决定做什么和实际做了什么是很不同的。一所学校可能有很多具有说服力的书面规划，而这些规划却没有结出硕果。我们应该考虑一种战略方法能够有效地将规划转化成实际行动。战略型领导理论十分重视如何使规划转化为实际行动，它除了使校长能够构建适合组织的战略以外，还能够把战略转换为可操作的行动。战略型领导理论提出了把战略发展规划转化为实际行动所应注意的问题：一是限定战略目标的数量，这样才能够把注意力集中在有限的战略目标上，从而真正去实现它们；二是把目标转化成短期性的各种活动，这样可以通过各种活动来影响当前的行为，从而使现实行为和长期的战略框架建立起联系；三是经常强调战略的关键要素，表明对达成战略目标的执着努力；四是让战略成为一个持续的过程，而不是在表述之后就弃之不管，它要有一个不断反思和发展的过程。①

---

① Davies, et al. Success and Sustainability: Developing the Strategically-Focused School [R]. National College for School Leadership, 2005: 34.

四、聚焦教师共同体：战略型领导理论对学校发展规划的基本要求

戴维斯等人强调，把战略型领导理论引进学校发展规划，能够使学校发展规划具有三种互动的规划线索。

（一）建立战略视野，突出学生和学生的学习

学校战略型领导者需要运用长远的思考在学校中建立一种着眼于未来的观点。战略型领导者不只是关心现在，他同样还要界定学校在未来的走向，需要为学校的发展设定方向。战略的功能在于把组织精神上的目标和愿景转化为现实。学校领导者描述的组织在精神上的目标，可以被认为是"我们为什么做我们做的事情"。组织精神上的目标的基础价值是与"我们想要成为什么样和我们的组织在未来想要成为哪种组织"的愿景考虑相连的。战略规划要确定学校中长期发展的方向，而不是短期行为，这是学校发展规划制定应当注意的问题。

领导者需要从学校的日常活动中退出来，着眼于更大的范围，考虑整个学校的问题。正是这种不断向前寻找新的和更好的做事情的办法的驱动力，使战略型领导者明显区别于事务型管理者。

了解现在学校的情况，可以被称为"向后看"，它与使学校向新的方向发展的"向前看"的能力相伴而生。如何平衡"可能的"和"想要的"对战略型领导者来说是个挑战。战略型领导不仅需要这两种"看"的能力，他们还需要第三种，这就是关键的使战略变为现实的能力。学校的战略领导者把战略和有关具体操作的决策置放于未来的情境之下是很重要的。学校需要审视未来的长期环境以确定自己发展的思想和方向，而这些思想和方向则将形成学校未来的战略议程。学生是其中必须考虑的重要因素。面向未来的思考不应是关于未来的一些抽象空洞的陈述，而应与学生密切相连。

（二）建立战略意图，明确发展方向

在编制学校发展规划过程中，建立战略意图是很重要的。战略型领导可以处理那些能够预测的挑战或活动，发展新的具有战略意图的学校发展规划框架。

首先，全球化趋势会对学习和学校产生重要的影响。学校领导需要根据全球化趋势运用战略思维建构学校未来的前景。传统的学校发展规划是一厢情愿地编制详细的发展目标和工作安排，而没有考虑作为复杂系统的学校，其发展有多少未知的、不确定的因素。为此，建立战略意图是很重要的。这种战略意图没有那种一味试图编制详尽计划的狂热，而是聚焦于学校发展关键领域的能力建设。

原来的学校发展规划可以被描述为一种操作目标，是为了适应政府的需要而建立的操作目标。因此，原来的学校发展规划不能称其为发展规划。

一些学校的发展规划考虑更多的是投入，而并不是与教育成果直接相连的那些要素。从战略领导理论看，学校发展规划必须转换成直接与教育成果相连的形式，使学校的核心目标——学生的学习效果成为学校发展规划的重要领域。学生进步和学习成绩是制定学校发展规划的首要依据，其他都是围绕着这个中心的支持性依据。这是战略性学校发展规划值得关注的一个特点。战略型领导者要为学校在主要方向上的发展制造推力并使学校能够把握住特殊的机会，且当机会来临时机会本身也能与这种推力发生某种反应。这还涉及放弃的思想，即为适应新的方式应当放弃一些活动，所谓有所为而有所不为。战略领导者的一个关键特点可能就是直觉与判断力，这两者能使他们做到选择最适宜的时间去实现改变。最后，领导者不仅要把握机会，还应是个乐天派，他们要对未来抱有积极的心态。①

我们可以发现战略型领导理论是对原有学校发展规划的反思与批判，该理论给学校制定发展规划指明了方向。

（三）建构发展规划，形成学校愿景

战略型领导者的大脑中应有一张关于组织现存状态和位置的清晰且细致的图画，他们能够想象出未来这张图画需要怎样加以变化。他们运用知识构建出一种组织需处在哪里的远见。然而，在将远见转化成现实的时候，他们

---

① Davies. Developing the Strategically Focused School [J]. School Leadership & Management, 2004, 24（1）：11-28.

要能够将图画和远见同他人交流，以便让这些人参与到制订组织未来发展方向的过程中去。他们通过工作实现合作，并建立约定、形成做事能力。这大体上是一个激励学校全体教职工的过程，在这一过程中要让他们相信为实现改变和发展而设定的目标及任务。

总之，战略型领导理论首先强调战略意图的形成，这种战略意图不同于以往的发展规划，它致力于学校的深刻改变，其视野广阔，重视发展时机的把握。这一理论将学生和学生的学习作为战略思维的要素，注重经过与教师沟通、交流后建立愿景，重视成功文化的培育，强调选择重点发展的领域。笔者认为，只有站在战略领导理论的高度上，而不是在事务主义的琐碎中，才能谈得上对教师共同体的治理。

第四节　校长要理解并掌握教学改进观念

中小学校长积极通过各种途径促进学校的改进与发展。他们有些时候精力集中于学校经费问题，有时又看中校容校貌，企图通过这些方面的改进推动学校的发展，并提升政绩。其实，任何一种有价值的学校改进最终都应当反映在学生的健康成长与和谐发展上。育人为本，是校长必须牢牢把握的基本原则。正因为如此，教学作为育人的中心环节，应当是校长时刻关注的事情。教师共同体是实施教学的主体，它们就在教学实践中，在与学生的日常互动中，培养学生的综合素质。深入教学实际，聚焦教学，方能真正实施对教师共同体的治理。

学校改进是一种"系统而持续的努力，目的是在一所或多所学校里改变学习条件及其他相关的内部条件，从而更有效地实现教育目标"①。从某种意义上讲，学校改进是指把精力集中于教学变革和它所需的支持条件上以提高学生成绩的努力，它是变革期间为提高教育质量而改进学校能力的战略手段。学校改进发端于 20 世纪 70 年代末至 80 年代初经济合作与发展组织提出的"国际学校改进计划"。20 世纪 80 年代后期至 90 年代中期，随着学校效能研

---

① Van Velzsen, et al. Making School Improvement Work [M]. Leuven: ACCO, 1985: 48.

究的兴起，人们把学校改进与学校效能联系在一起，产生了各种各样的学校改进方案。20 世纪末至今，人们开始追求学校的内涵式发展，研究者们从学校的组织文化、领导者的理念、教师的专业发展、学校的组织结构和制度、教学内容和教学方式等方面进行研究。

在国际上，教学改进已经成为一种重要的教育观念。这里要特别介绍一下艾尔默的教学改进思想。这对校长理解学校改进理论，并聚焦教育改进很有意义。

一、艾尔默及其对学校改进的研究

艾尔默是哈佛大学教育领导专业的教授，教育政策研究协会会长。他曾任职于联邦卫生、教育与福利部以及美国教育办公室，同时他也是市、州和联邦等各级政府的顾问。他的研究侧重于美国联邦、州和地方教育政策对学校和班级的影响，以及学校改进、学区发展等教育理论。他的著作颇多，其中包括《重建课堂：教、学与学校组织》《学校彻底变革：政策、实践和成绩》等。

艾尔默教授在学校改进方面进行了深入研究，并提出了一些与以往不同的观点。他认为学校改进的基础是教学的持续有效改进，学校改进的最终目的是为了学生学习的进步、成就与发展，而不是其他。艾尔默这一思想摒弃了以往学校改进论者的一些模糊不清的外部因素的提法，超越了对学校组织文化的泛泛而论，将矛头直接指向学校发展的根本——学生的成长。这种思想不是一种管理的时尚，而是质朴而深刻的观点，很值得我们思考和借鉴。

艾尔默走访过许多薄弱学校和优质学校，并对不同学校之间的差异进行了深入的研究。在调查访问过程中他发现，即使是很薄弱的学校，也有我们值得学习的地方。艾尔默看到薄弱学校中少数民族学生和贫困学生数量很多，提高学生成绩的压力非常大，而且很多人对学校改进常常抱有胆怯心理，而这种情况在条件比较好的学校相对较少。尽管如此，两种学校在教学上出现的问题却往往十分相似。在这两种不同的学校，他遇到了反复出现的同样情况：不同课堂的学生所受到挑战的程度有很大不同；在分析、反思和理解的范围内强调程序性知识和事实回忆；倾向于把更多的注意力放在"易教"的学生身上，不关心那些学习吃力的学生；低估学生的能力。而且这两种不同学校的教师在教学过程中都是以自我感受作为课堂教学的基础，而不是根据学生实际情况和需要作为教学的依据。艾尔默教授研究了一些贫困学生和少数民族学生较多却取得成功的学校，这些学校的学生在美国全国范围内的标准测试中与那些优质学校中的学生表现得一样好，甚至超出他们的水平。这些薄弱但成绩好的学校的领导能够准确地表达自己对学生学习的期望，并积极地改进目前教学中的不良状况；这些学校不是只从外部查找落后的原因，而是重在反思学校自身的责任；这些学校的教师能够把学生学习的责任内化，他们批判地审视自己的教学实践，如果发现哪些方法不适用就立刻弃用并尝试其他方法。最重要的是，这些学校的领导坚持将课堂向教师的同事、行政人员、外界观察人员和教学实践分析人员开放。这样一来，教师们可以通过分析分数来查找学生不明白的地方，然后观察课堂并讨论在教学实践中如何采取有效措施帮助知识上存在漏洞的儿童取得成功。当他回过头对那些较富裕社区中的优质学校进行调查研究时发现，在表面上它们确实相当不错，然而一旦深入内部仔细观察，就会发现其中存在着很大的问题。其中一个最大的问题是教师和行政人员都倾向于把学生学习困难看作是学生自己和家长要解决的问题，而不是应该由学校想办法解决的问题。学校对这种情况表现出的一种普遍反应就是建议学生家长去找家庭教师，进行课余辅导。这意味着学校把教授学生的任务转嫁到学校外部，也可以说，学校把责任推给了本应接受教育的学生，推给了本应与学校是合作关系的家庭。这样做的后果是使教师无法也没有机会在教学实践中发现教学的内在规律，也就没有可以共同分享的成功经验。他还发现，在这些优质学校中，学生表现的差异经常被忽视，这些差异没有被视为是对教师教学的有益挑战，反而被用来区分学生才能的不同。这样，通往高水平课程的道路、创建优异教学的可能性就被这种错误的倾向性阻塞了，并相反地强化了那种认为学生获得成就的基础是他们的天赋而不是教学的错误观点。这说明，不论是薄弱学校，还是所谓的优质学校，都有很多需要改进的地方。根据这些，他提出了关于教学改进的几个重要观点。

二、艾尔默关于教学改进的重要观念

1. 教学改进从根本上说是个人和组织的学习过程

"改进是一个持续的、发展的过程，在连续的发展阶段中它需要不同类型的知识和技能。"① 因此，在改进的过程中，教师不但需要很好地利用已有的知识，更重要的是需要开发新的知识。教育者们必须通过学习新知识，并把这些新知识融入他们的教学实践，方能改善学生的学习和学校的绩效。

2. 教学改进不是一个线性的过程

"就像很多其他的发展过程一样，人们并不是以稳定、统一的方式使其知识获得增长，同样，知识也不是通过这种方式来证明其自身的。"②学校改进需要在不同的绩效水平上解决不同的教学实践问题。研究发现，学生成绩的增长与新的教学实践有直接关系，而这种教学实践的特点就是有针对性地专注于具体的学生学习问题。在新的知识与实践进行整合，寻找学生学习存在问题的过程中，可能会遇到一些问题，遇到一些挫折，在这个时候教师应该保持信心，否则很容易导致教学改进的失败。

3. 教学改进不仅是技术过程，同时也是社会交往和情感产生的过程

以往在学校的生活是可以预测的，教师年复一年地使用同样的教学方法，如果同样的教学方法没有产生与以往相同的效果，那么他们就会把问题归咎于学生。学校中的这种情况，无论对学校本身、教师还是学生都会产生消极影响，无法使学生得到发展，使学校得到改进。学校改进需要人们把提高学生学习水平、实践能力的责任内化，并且根据组织的期望和外部的需要来控制自己的教学实践，并改变教学方法。与此同时，还需要注意在改进过程中出现成功、挫折或停滞的时候重视调整大家的情绪。

4. 学校改进意味着在依靠本校教师、组织内部专家的同时，还要根据学校具体的需要寻找和利用外界专家

因为学校内部的各项工作十分复杂，没有人能够掌握改进所需的全部知

①② Elmore. Accountable Leadership [J]. The Educational Forum, 2005, 69（2）: 134－142.

识系统。成功实现改进的学校一定是在寻找和利用这两种专家方面做得很好的学校，其结果就是会有各种专家分布在组织内部，这样工作就变成加强人们与不同水平的专家进行联系和沟通，确保他们在一起高效地工作。

5. 学校内部教职员工具有一致的目标和愿景

学校改进需要使学校内部教职员工具有一致的目标和愿景，从而产生一种内在的责任感。随着教职员工内在责任感的发展，学校能够变得更加协调和有效。这种集体的目标和愿景，以及内在的责任感对每一位老师的教学工作的影响都是非常巨大的。具有很高的内在责任感的学校在决定应该聚焦于哪个课程领域，决定如何来研究分析教学问题，发展他们自己对学生成绩的评估方法，学会如何以与自己的核心价值观一致的方法应对外界的压力等方面会做得更好。

三、艾尔默对学校管理者的建议

学校领导作为学校的管理者，在学校改进的过程中具有无法替代的重要作用。但学校领导不同于其他行业的管理者，他们管理的中心不是取得最大的经济利益，而是学生在校的学习成绩和未来的发展。由此，艾尔默教授提出以下几点建议。

学校领导应该意识到学校改进的中心是学生的学习，学校领导应该清晰地描述出对学生学习的期望，并具有一种改进的紧迫感。"不论采取何种方式管理学校，如果其结果对课堂没有积极的影响，那将是没有意义的。"① 因此，在学校中进行的任何管理行为都应该与学校教育的核心建立密切关联。而学校领导往往在这个重要方面做得不到位，很多学校的领导甚至还远离学校的教学实践。

学校领导应该能够根据外界情况的变化相应地调整自己的管理方式和方法。一直以来，学校领导在管理过程中，往往会忽视学校周边的社会、经济以及文化环境的巨大变化。而且，我们经常看到，尽管学校的教学环境由于各种政策的改变而发生很大的变化，但这对学校领导的管理实践却并没有产

---

① Elmore. Breaking the Cartel [J]. Phi Delta Kappan, 2006, 87 (7): 517–518.

生任何影响。

　　教师和行政人员的专业化也是教学改进的一个重要环节。学校领导应把更多的精力投入在学校全体人员的专业发展上，提高教师和行政人员的专业化程度。进行学校改进的一个前提是教师和行政人员的专业化，如果没有很好的专业化水平，改进将很难继续进行。"在学校进行系统改进的最初阶段需要很多专业知识。这其中包括一部分技术知识（教学专业知识，以及促进成人学习的实践知识），一部分管理知识（关于组织设计和资源分配的知识），还有一部分社会/政治知识（关于如何能够随着时间的推移不断地使制度与改进战略的需要相连的知识）。"①

　　学校的领导方式应该采取分布式领导。采取分布式领导的方式可以通过赋权使学校的教职员工注意到他们的教学实践与自己及学生学习之间的联系。分布式领导其中一个深刻的内涵就是教学实践的复杂性要求人们在一种网络中进行实践，在这个网络中，人们的知识是共享的和相互补充的。在这种网络中进行实践，人们能够发展他们自己的技能，并且对其他人知识和技能的发展作出贡献。

　　学校领导应该能够做到问题共享，在与同事共同探讨问题的过程中引导人们对学校工作和目标达成一致意见。在学校的改进过程中，学校领导应该持有一种开放的心态，在遇到问题的时候应该与同事共同研究，切不可刚愎自用。改进的过程是一个探索未知的过程，即使是学校领导也不可能事事都懂，因此，对于领导来说更重要的是引导学校的教职员工对工作和目标达成共识。

　　另外，他认为，现在学校中行政人员与教师之间的划分是很不好的一种现象，这样的划分使得行政人员和教师们花费很多的精力和时间争夺在学校中的地位和对学校的控制权。在这一点上，学校应该学习专业化程度非常高的领域的做法，组织中的控制权和地位的获得应该是以知识和实践为基础的，而获得者的权威也应该是以他们对环境的影响能力为基础的。在学校改进的工作中，行政人员和教师应该像专业人员那样肩负起自己在实践中的职责。他的这种见解也是很具有启示意义的。

---

① Elmore. Let's Act Like Professionals [J]. Journal of Staff Development, 2007, 28 (3): 31 – 32.

学校改进是学校走向进一步发展的一条路径，通过学校改进，学校能够改掉过去影响学校发展和学生学习的消极文化，以及那些不恰当的工作方法，促使学校主动适应环境争取积极的发展和变化，最终使学校、教师和学生三者都获得很好的发展。而学校改进和发展的终极目的是学生学习水平的进步、能力的提高。艾尔默教授正是抓住了这根本的一点，在对不同类型学校进行深入调研的基础上，提出了自己关于学校教学改进的思想。他的学校改进思想注重学校内部的责任感、教职员工的共同愿景、教职员工的专业化，认为只有具备这些条件，才有可能真正促进教学实践向好的方向发展，才能真正获得改进，从而促使学校获得真正发展。他的思想很值得我们借鉴，相信会对我国中小学的改革实践提供有益的启示，尤其可以使中小学校长理解自己作为学校管理者在学校改进过程中应担负的责任。

一方面，学校改进理念可以促使校长深入教学一线，从根本上了解教师共同体的意义与发展状况；另一方面，可以实现学校领导与教师共同体实质上的合作、交流与分享，推动教师共同体的善治。

综上所述，在新的形势下，教师共同体为广大教师提供着学习与发展可以依靠和分享的温馨的圈子。校长理解并掌握教师专业化、现代治理、学校战略型领导和教学改进等理念，治理好教师共同体，推动教师共同体发展，是落实《教育规划纲要》、推进高素质专业化教师队伍建设的必由之路。

校长作为一校之长，对教师共同体的善治负有第一位的责任，不断学习现代管理理论和教师专业发展知识，提高自身的专业化水平，是促进教师自主发展，推动教师共同体建设的重要外部保障。我国中小学校长数量庞大，只要他们坚持制度创新，抓住教师自主发展这个关键问题，追求教师共同体的善治，那么以推动教师专业化发展为己任的中小学教师共同体一定会茁壮成长，关系到我国教育质量提高的中小学教师的专业素质也一定会得到极大的改善，我国的基础教育现状也一定会有所改观。

结　语

基础教育是国民教育的基础，是人才培养的基础，是国家竞争力的基础。而提高基础教育质量的关键在于提高师资水平。一段时期以来，我国基础教育教师在职培训虽然取得了一定效果，但是其被动的、缺乏教师之间互动的培训方式严重影响了教师自主发展的积极性与合作的热情。教师共同体产生于新世纪中国基础教育改革的现场，它以其本校性、非全员性、研究性、专业性和开放性，以其亲切、和谐的氛围，为教师之间的合作和教师专业的自主发展提供了鲜活、生动的平台，引起了广大教育工作者的关注。与此同时，教师共同体的出现也向传统的学校管理方式和管理理念提出了挑战。原有的科层制的管理方式和管理理念无法适应教师共同体建设和发展的需要。因此，用传统的管理方法来对待新出现的教师共同体也就不可避免地会出现一些冲突、困难和问题。

新事物的出现需要新的思维方式和新的话语体系。治理理论作为目前管理学领域中的前沿理论，是一种具有多学科背景的理论系统。目前在国内，治理理论多用于公共行政管理领域，教育领域中多侧重政府和学校之间的研究，但其合理的理论内核对于透视中小学校中教师共同体的管理这一微观问题也是十分有帮助的。治理理论是以网络关系为视点的，它强调治理主体的多元化，体系结构的非线性，以及参与者的平等性和主体性。它还强调政府与第三部门的合作，强调理解和尊重，它将信任和尊重人视为价值取向，关注非正式制度安排，强调信任和赋权，强调自治。治理理论视域里的这种自治是建立在充分的信任基础上的，当然这种自治应当是有限的，也必然是有限的。这种自治的边界就在于组织发展的目标和方向，在此边界之内就应该充分地放手，也就是说"政府掌舵而不划桨"，在把握目标和方向的前提下，应该充分尊重和发挥组织及其成员的自主性和创造性。而教师共同体作为一种专业性团体，正是需要这样自主的发展空间和成长空间，强加于其上的规则只会束缚住它的手脚。以治理理论的视角来看，我们可以把整个学校看作一个治理的网络，教师共同体作为一种志愿性的教师专业团体与网络中的每一个结点都是平等的。学校领导与在这个网络中的教师共同体是主体与主体之间的关系。信任、赋权是治理的行动哲学，学校领导要学会赋权，否则就不会有治理语境下教师共同体的自治和教师专业发展的自主。同时，加强学校对非正式制度的关怀也是治理理论应用于学校管理的一个突出点。

因此，本研究从治理理论领域中的五个支柱理论和治理视野下教师共同体管理存在的问题中，分析出包括治理理论的思维方式、行动哲学、价值取向、有效边界和决策关怀在内的五个维度的思想内涵，并用于对教师共同体善治模型的建构上。

正是由于治理理论对于教师共同体的适切性，所以，从治理哲学的高度审视教师共同体，就会总结出教师共同体的治理结构，进而研制出由不同模块构成的模型系统。治理理论的深刻性，使这种模型系统具有较强的解释力、检测力和行动力。教师共同体治理的模型系统对于现实中教师共同体运行状况能够做出有效的解释，能够及时发现问题并且借助反馈机制促使问题解决，推动教师共同体的良性发展。同时，更重要的是，这一模型系统提供了教师共同体治理的行动指向，具有很强的实践性。因此，该模型对教师共同体的建设和职能的发挥具有一定的普遍性价值。

校长对教师共同体的善治负有首要的责任。不断学习、理解治理理论和教师专业发展的丰富思想，提高校长在管理上的专业化水平，加强教师共同体治理经验的交流，等等，都是推动教师共同体建设、促进教师自主发展的重要条件。

当然，对教师共同体的治理是学校管理的新问题。以上对教师共同体治理的研究还是很初步的，缺乏深入现场的与教师的共同生活和田野研究，所以，后续研究的任务还是很重的。在后续研究中，本人将首先深入中小学教师共同体的实际生活，在教师的教育生活中经历、品味、吸收、体验和思考，与此同时，用心将已经开始的研究推向深入，不断探究教师共同体在实践中更为理想的治理模式。

参考文献

中文参考文献

1. 鲍曼．共同体［M］．欧阳景根，译．南京：江苏人民出版社，2003.

2. 彼得斯．未来政府的治理模式［M］．许道然，等，译．北京：中国人民大学出版社，2002.

3. 陈海琴，王黑铁．构建专业发展共同体 提高课堂教学有效性［J］．现代中小学教育，2008（4）：24–26.

4. 陈菊．构建区域教师专业发展共同体之探究［J］．广西师范大学学报：哲学社会科学版，2008（4）：89–93.

5. 陈美萍．共同体（Community）：一个社会学话语的演变［J］．南通大学学报：社会科学版，2009（1）：118–123.

6. 陈秋兰．学习共同体学校中校长的角色［J］．教育导刊，2005（12）：42–43.

7. 陈向明．质的研究方法与社会科学研究［M］．北京：教育科学出版社，2000.

8. 陈孝彬．教育管理学［M］．北京：北京师范大学出版社，1999.

9. 成尚荣．研究共同体：名师成长的文化栖息地：基于一个名师团队的分析［J］．人民教育，2008（Z1）：59–63.

10. 程杞国．从管理到治理：观念、逻辑、方法［J］．南京社会科学，2001（9）：47–50.

11. 褚宏启．走向校长专业化［J］．教育研究，2007（1）：80–85.

12. 褚宏启．走向校长专业化 ［M］．上海：上海教育出版社，2009.

13. 段晓明．美国专业学习共同体研究评述 ［J］．外国中小学教育，2008（3）：29－32.

14. 冯锐，殷莉．论学习共同体形成和发展的社会性建构观 ［J］．中国电化教育，2007（8）：10－13.

15. 傅树京．教育管理学导论 ［M］．北京：原子能出版社，2002.

16. 盖布勒．改革政府：企业精神如何改革着公共部门 ［M］．上海：上海译文出版社，1996.

17. 何树彬．中小学学习共同体之构建：理念与策略 ［D］．上海：华东师范大学教育科学学院，2005.

18. 胡航．学校情境中实践共同体探讨 ［D］．上海：华东师范大学教育科学学院，2008.

19. 胡仙芝．治理理论与行政改革 ［J］．中国行政管理，2001（1）：43－45.

20. 贾保方．困境与回归：让学校焕发出学习的活力：基于学习共同体理论的启示 ［J］．和田师范专科学校学报：汉文综合版，2008（4）：76－77.

21. 教育部师范教育司．教师专业化的理论与实践 ［M］．北京：人民教育出版社，2003.

22. 柯武刚，史漫飞．制度经济学：社会秩序与公共政策 ［M］．北京：商务印书馆，2004.

23. 黎进萍．专业学习共同体中的教师专业发展：美国的实践及启示 ［D］．兰州：西北师范大学教育学院，2007.

24. 李华．复杂与永恒的共舞：从"释忧坊"的成立谈教师学习共同体的创建与运行 ［J］．福建论坛，2009（7）：97－99.

25. 李家黎．学习共同体：教师专业发展的有效途径 ［J］．教育探索，2008（10）：101－102.

26. 李潋．构建"实践共同体"促进教师专业发展 ［J］．浙江教育学院学报，2008（4）：26－30.

27. 李旭. 教师专业化视野下的教师专业共同体研究 [D]. 贵阳：贵州师范大学教育科学学院，2008.

28. 梁宇学. 建设教师学习共同体有效促进教师专业发展 [J]. 人民教育，2008（3）：38－41.

29. 林成华. 走向善治：基于治理理论的高校辅导员队伍建设研究 [D]. 上海：华东师范大学教育管理系，2007.

30. 刘静. 20世纪美国教师教育思想的历史分析 [D]. 北京：北京师范大学教育学部，2007.

31. 刘可钦. 促进发展：创建一个学习与发展的共同体 [J]. 中国教育学刊，2008（5）：45－48.

32. 刘少杰. 理解的追寻——实践理解论引论 [M]. 长春：吉林大学出版社，1994.

33. 刘文瑞. 组织学习的核裂变原理 [J]. 21世纪商业评论，2007（12）：102－103.

34. 刘莹莹. 治理理论视角下政府与大学关系研究 [D]. 上海：华东师范大学教育科学学院，2007.

35. 刘忠华. 基础教育课程改革与学校重建：基于"学习共同体"的理念 [J]. 湖南师范大学教育科学学报，2007（6）：21－24.

36. 龙献忠. 从统治到治理：治理理论视野中的政府与大学关系研究 [D]. 武汉：华中科技大学教育科学研究院，2005.

37. 吕双. 学校发展的系统分析 [D]. 北京：首都师范大学教育学院，2007.

38. 罗能生. 非正式制度安排与中国的经济改革 [J]. 学习与探索，1998（1）：35－40.

39. 罗西瑙. 没有政府的治理 [M]. 张胜军，等，译. 南昌：江西人民出版社，2001.

40. 马贵侠. "共同体"的结构与重构：由滕尼斯的"共同体"与"社会"引发的思考 [J]. 长春工业大学学报：社会科学版，2006（3）：37－39.

41. 马晓燕. 变迁中的治理理念及中国实践分析 [D]. 兰州：西北师范大学马克思主义学院，2003.

42. 马云鹏，谢翌. 学校文化的理解与建设：优质学校建设共同体学校的经验解读［J］. 当代教育论坛，2006（1）：36－41.

43. 麦金尼斯. 多中心治道与发展［M］. 毛寿龙，译. 上海：上海三联书店，2000.

44. 毛寿龙. 西方政府的治道变革［M］. 北京：中国人民大学出版社，1998.

45. 毛寿龙. 现代治道与治道变革［J］. 南京社会科学，2001（9）：44－47.

46. 孟繁华，等. 走向合作：现代学校组织的发展趋势［J］. 教育研究，2007（12）：55－59.

47. 孟繁华. 教育管理决策新论：教育组织决策机制的系统分析［M］. 北京：教育科学出版社，2002.

48. "面向未来的基础学校研究"课题组. 建设一个实践型的学习共同体：面向未来的基础学校研究［J］. 教育发展研究，2006（14）：18－23.

49. 苗月霞. 治理理论与当代中国政府治理模式的创新［J］. 特区经济，2005（3）：17－19.

50. 聂平平. 治理理论的语义阐释及其话语分析［J］. 江西社会科学，2004（7）：124－127.

51. 牛利华. 教师专业共同体：教师发展的新模式［J］. 教育发展研究，2007（24）：40－43.

52. 牛利华. 略论美国教师专业共同体的若干实践问题及其出路［J］. 外国中小学教育，2009（1）：36－38.

53. 潘佳丽. 论教师专业学习共同体的构建［J］. 湖北广播电视大学学报，2008（2）：30－31.

54. 潘希武. 教育的公共治理：现代性的境遇及其超越［J］. 教育理论与实践，2006（7）：13－16.

55. 曲正伟. 多中心治理与我国义务教育中的政府责任［J］. 教育理论与实践，2003（9）：24－28.

56. 全守杰. "学习共同体"研究理论考察与新谈［J］. 湖北经济学院学报：人文社会科学版，2007（10）：34－35.

57. 全裕吉. 从科层治理到网络治理: 治理理论完整框架探寻 [J]. 现代财经学报: 人文社会科学版, 2003 (2): 8.

58. 饶从满, 等. 教师专业发展 [M]. 长春: 东北师范大学出版社, 2005.

59. 饶从满. 义务教育教师专业发展导论 [M]. 长春: 东北师范大学出版社, 2009.

60. 商利民. 教师专业学习共同体研究 [D]. 广州: 华南师范大学教育科学学院, 2005.

61. 时长江, 等. 专业学习共同体与教师合作文化 [J]. 教育发展研究, 2007 (22): 76 - 79.

62. 斯特尔. 社会学理论模型的意义: "社会科学化" ——社会科学知识的力量 [J]. 刘瑞弘, 译. 社会科学辑刊, 2006 (3): 59 - 61.

63. 斯托克. 地方治理研究: 范式、理论与启示 [J]. 浙江大学学报: 人文社会科学版, 2007 (2): 5 - 15.

64. 宋晔. 教育共同体责任: 校园伦理的目标定位 [J]. 河南师范大学学报: 哲学社会科学版, 2006 (1): 206 - 209.

65. 苏国勋, 等. 全球化: 文化冲突与共生 [M]. 北京: 社会科学文献出版社, 2006.

66. 滕尼斯. 共同体与社会 [M]. 林荣远, 译. 北京: 商务印书馆, 1999.

67. 汪波. 教育管理工作中激励机制的研究 [D]. 天津: 天津大学管理与经济学部, 2006.

68. 王海燕. 实践共同体视野下的教师发展: 个体和群体共同发展的教师研修个案研究 [D]. 北京: 北京大学教育学院, 2009.

69. 王家全. 学习共同体: 教师专业发展的群体支柱 [J]. 2007 (6): 225 - 226.

70. 王宁宁. 我国公立中小学内部治理结构研究 [D]. 上海: 华东师范大学公共管理学院, 2008.

71. 王守玉, 等. 学习共同体的校本模式: 教师职后专业发展的一种有效模式 [J]. 现代教育科学, 2008 (4): 25 - 26.

72. 王晓辉. 关于教育治理的理论构思 [J]. 北京师范大学学报：社会科学版, 2007 (4)：5-14.

73. 王旭红. 对构建教师专业共同体的思考 [J]. 企业家天地, 2009 (5)：161-162.

74. 王艳霞. 教师成为研究者：基于 S 中学的个案研究 [D]. 北京：北京师范大学教育学部, 2009.

75. 王越英. 打造学习共同体促教师专业发展 [J]. 上海教育科研, 2004 (3)：41.

76. 王作亮. 教师专业化和教师学习共同体的建构 [J]. 江西教育科研, 2006 (2)：51-53.

77. 吴家庆, 王毅. 中国与西方治理理论之比较 [J]. 湖南师范大学社会科学学报, 2007 (2)：58-65.

78. 吴明隆. SPSS 统计应用实务——问卷分析与统计应用 [M]. 北京：科学出版社, 2003.

79. 吴佩国. 构建区域教师成长共同体：探索教师专业成长的新途径 [J]. 上海教育科研, 2008 (6)：69-70.

80. 吴文胜. 共同体：教师合作文化的有效组织 [J]. 杭州师范学院学报：医学版, 2006 (3)：147-148.

81. 吴志成. 西方治理理论述评 [J]. 教学与研究, 2004 (6)：60-65.

82. 吴志成. 治理创新：欧洲治理的历史、理论与实践 [M]. 天津：天津人民出版社, 2003.

83. 谢延龙, 牛利华. 校长引领：在互动合作中生成教师专业共同体 [J]. 湖南师范大学教育科学学报, 2009 (1)：74-77.

84. 薛小明, 高峰. 论教师共同体 [J]. 现代中小学教育, 2007 (12)：63-65.

85. 薛小明, 刘庆厚. 教师共同体：教师专业发展的新视角 [J]. 职业教育研究, 2008 (2)：55-56.

86. 严开宏. 论学校共同体及其理想类型 [J]. 当代教育科学, 2008 (11)：29-31.

87. 杨鸿. 基于教师共同体与校本场域的专业化发展策略 [J]. 内蒙古师范大学学报：教育科学版，2006 (2)：105 – 107.

88. 杨咏梅. 从管治到善治：基于治理理论的高校学生管理模式创新研究 [D]. 上海：华东师范大学教育管理学院，2006.

89. 俞可平，等. 公民社会的兴起与政府善治 [J]. 中国改革，2001 (6)：38 – 39.

90. 俞可平. 全球治理引论 [J]. 马克思主义与现实，2002 (1)：20 – 32.

91. 俞可平. 治理和善治：一种新的政治分析框架 [J]. 南京社会科学，2001 (9)：40 – 44.

92. 俞可平. 治理和善治引论 [J]. 马克思主义与现实，1999 (5)：37 – 41.

93. 俞可平. 治理与善治 [M]. 北京：社会科学文献出版社，2000.

94. 俞可平. 作为一种新政治分析框架的治理和善治理论 [J]. 新视野，2001 (5)：35 – 39.

95. 郁建兴. 治理理论的现代性与后现代性 [J]. 浙江大学学报：人文社会科学版，2003 (2)：5 – 10.

96. 张康之，张乾友. 对共同体演进的历史考察：兼论人文社会科学研究的共同体视角 [J]. 西北大学学报：哲学社会科学版，2008 (4)：94 – 102.

97. 张爽. 中小学校长领导力研究 [D]. 北京：北京师范大学教育管理学院，2005.

98. 张卫华. 构建研究共同体促进发展专业化 [J]. 教育科研论坛，2008 (3)：76 – 77.

99. 赵健. 学习共同体：关于学习的社会文化分析 [D]. 上海：华东师范大学教育科学学院，2005.

100. 赵景来. 关于治理理论若干问题讨论综述 [J]. 世界经济与政治，2002 (3)：75 – 81.

101. 郑汉文，等. 论专业学习共同体 [J]. 教育评论，2008 (5)：66 – 70.

102. 郑葳，等. 学习共同体及其生成 [J]. 全球教育展望，2007 (4)：57 – 62.

103. 周丹. 校本教研中的教师共同体建构 [D]. 南京：南京师范大学教

育科学学院，2008.

104. 周耀威，王伯康．基于"研究共同体"的教师成长［J］．教育发展研究，2005（11）：69-72.

105. 周耀威．试论"基于对话"的研究共同体［J］．教育理论与实践，2006（7）：21-23.

英文参考文献

1. Bafumo. Constructing A Community［J］. Teaching PreK-8, 2006, 37 (1): 10-12.

2. Bang. Governance as Social and Political Communication［M］. Manchester: Manchester University Press, 2003.

3. Benz, et al. Governance and Democracy: Comparing National, European and International Experiences［M］. London: Routledge, 2003.

4. Butin. Focusing Our Aim: Strengthening Faculty Commitment to Community Engagement［J］. Change, 2007, 39 (6): 34-37.

5. Chhotray, Stoker. Governance Theory and Practice: A Cross-Disciplinary Approach［M］. UK: Palgrave Macmillan, 2009.

6. Chynoweth, et al. Adoput, Adapt, Improve［J］. Principal Leadership, 2008, 9 (2): 26-29.

7. Cookson, Peter. A Community of Teachers［J］. Teaching PreK-8, 2005, 35 (7): 12-14.

8. Crow. Declaration of Interdependence［J］. Journal of Staff Development, 2008, 29 (3): 53-56.

9. Devlin. An Eco-Collaboration［J］. Teaching PreK-8, 2007, 37 (7): 42-43.

10. Fischer. Participatory Governance as Deliberative Empowerment: The Cultural Politics of Discursive Space［J］. American Review of Public Administration, 2006, 36 (1): 19-40.

11. Grossman, et al. Toward a Theory of Teacher Community［J］. Teachers

College Record, 2001, 103 (6): 942-1012.

12. Hord. Evolution of the Professional Learning Community [J]. Journal of Staff Development, 2008, 29 (3): 10-13.

13. Kickert, et al. Managing Complex Networks: Strategies for the Public Sector [M]. London: Sage, 1999.

14. Kickert, Klijin. Managing Complex Network: Strategies for the Public Sector [M], London: Sage, 1997.

15. Kohler, Eising. The Transformation of Government in the European Union [M]. London: Routledge, 1999.

16. Kooiman. Governing as Governance [M]. London: Sage, 2003.

17. Kooiman. Modern Governance: New Government-Society Interaction [M]. London: Sage, 1993.

18. Martin. Novice Teachers: Meeting the Challenge [J]. Principal, 2008, 88 (2): 42-44.

19. McGlinn. University-School Connection: A Reading Circle for Teachers [J]. The Clearing House, 2003, 77 (2): 44-49.

20. Mitlin. Reshaping Local Democracy [J]. Environment and Urbanisation, 2004 (1): 3-8.

21. Newman. Modernising Governance: New Labour, Policy and Society [M]. London: Sage, 2001.

22. Peterson. Positive or Negative [J]. Journal of Staff Development, 2002, 23 (3): 10-15.

23. Rhodes. Understanding Governance [M]. Buckingham: Open University Press, 1997.

24. Simon. Human Nature in Politics: The Dialogue of Psychology with Political Science [J]. The American Political Science Review, 1985, 79 (2): 293-304.

25. Sorensen. Metagovernance: The Changing Role of Politicians in Processes of Democratic Governance [J]. The American Review of Public Administration, 2006, 36 (1): 98-114.

26. Stoker. Public Value Management: A New Narrative for Networked Governance? [J]. American Review of Public Administration, 2006, 36 (1): 41 – 57.

27. Supovitz, et al. Small Learning Communities that Actually Learning: Lessons for School Leaders [J]. Phi Delta Kappan, 2005, 86 (9): 649 – 651.

28. Vodicka. The Four Elements of Trust [J]. Principal Leadership, 2006, 7 (3): 27 – 30.

29. Wildavsky. Choosing Preferences by Constructing Institutions: A Cultural Theory of Preference Formation [J]. The American Political Science Review, 1987, 81 (1): 4 – 21.

30. Zepeda. Leadership to Build Learning Communities [J]. The Educational Forum, 2004, 68 (2): 144 – 151.

附　录　一

关于中小学教师共同体管理情况的调查问卷
（教师版）

尊敬的老师：

您好！

非常感谢您参与本项研究。本问卷旨在研究目前中小学内部教师共同体的运行情况和管理情况，并提出有效建议。本问卷只作为科学研究之用，采取不记名的方式，并将绝对保密。请您认真阅读题项，并根据实际情况作答，答案没有对错之分。非常感谢您对本研究的大力支持！

教师共同体研究课题组

*提示

教师共同体是指在学校内部，由教师自发自愿组成的，或由学校领导推动的，旨在通过教师之间的合作与交流促进教师自身发展的一种教师组合形式。它可以以各种形式出现，如教师自己的课题组、研究会、工作坊、工作室、学科论坛、博客交流、QQ 空间等。

一、基本信息

填写说明：请在最符合您的真实情况的选项上划"○"。除特别说明外，每一个题目只划一个选项。

1. 性别：A. 男　B. 女

2. 年龄（岁）：A. 20～29　B. 30～39　C. 40～49　D. 50～59

3. 所教科目：A. 语文　B. 数学　C. 英语　D. 品德　E. 其他_____

4. 职务：A. 教师　B. 管理人员

5. 最高学历：A. 中专　B. 大专　C. 本科　D. 硕士研究生　E. 博士研究生

6. 您所在学校为：A. 中学　B. 小学

二、校内教师共同体的运行情况及建设情况

填写说明：下面的题项是有关学校内教师共同体运行及建设情况的陈述，请您根据本单位教师共同体建设的实际情况回答，每道题有五个选项：A = 很同意，B = 比较同意，C = 说不清，D = 不太同意，E = 完全不同意。请您只选择一项，在选项上划"○"。

序 号	题 目	选 项				
1	我愿意成为一名优秀的教师	A	B	C	D	E
2	教师共同体是学校的一级行政组织	A	B	C	D	E
3	学校支持教师共同体的发展	A	B	C	D	E
4	参加教师共同体对我自身的专业成长有帮助	A	B	C	D	E
5	学校的多数教师都参加教师共同体	A	B	C	D	E
6	我校有不同类型的教师共同体	A	B	C	D	E
7	教师共同体经常组织教学研究活动	A	B	C	D	E
8	教师共同体内部教师之间合作情况良好	A	B	C	D	E
9	参加教师共同体能够激发我的研究热情	A	B	C	D	E
10	参加教师共同体会增加我的负担	A	B	C	D	E
11	教师共同体一般利用老师的休息时间进行活动	A	B	C	D	E
12	教师共同体有利于提高我的教学水平	A	B	C	D	E
13	学校原有规章制度适应教师共同体的建设	A	B	C	D	E
14	学校对教师共同体实行集中统一管理	A	B	C	D	E
15	我参加教师共同体是想在专业方面获得更大的发展	A	B	C	D	E
16	我认同学校发展的目标	A	B	C	D	E
17	教师共同体内部规则是教师们共同协商的结果	A	B	C	D	E
18	学校制订了对共同体的活动要求	A	B	C	D	E
19	（如学校没有制订活动要求，请跳过此题）活动要求是在与教师协商下共同制订的	A	B	C	D	E
20	我能够在活动中主动表达自己的见解	A	B	C	D	E
21	学校为教师共同体提供活动场所	A	B	C	D	E

续表

序　号	题　目	选　项				
22	教师共同体经费由学校提供	A	B	C	D	E
23	学校尊重教师共同体的活动要求	A	B	C	D	E
24	教师共同体自主安排活动内容	A	B	C	D	E
25	学校尽力为教师共同体的活动提供时间保障	A	B	C	D	E
26	教师共同体负责人由学校或学校行政部门任命	A	B	C	D	E
27	学校制订了针对教师共同体的管理制度	A	B	C	D	E
28	参加教师共同体我出勤率很高	A	B	C	D	E
29	我的问题能够在教师共同体的互动中得到解决	A	B	C	D	E
30	我能够将在教师共同体中的收获运用于日常教学	A	B	C	D	E
31	学生能够感受到我参加教师共同体后的变化	A	B	C	D	E
32	我是根据自己的兴趣自愿参加的教师共同体	A	B	C	D	E
33	学校鼓励教师参加教师共同体	A	B	C	D	E
34	参加教师共同体与学生成绩的提高无关	A	B	C	D	E
35	参加教师共同体对解决现实问题没有帮助	A	B	C	D	E
36	教师共同体活动内容符合我的需求	A	B	C	D	E
37	参加教师共同体后我的学生确实进步更快了	A	B	C	D	E

附 录 二

关于中小学教师共同体管理情况的调查问卷
（学校领导版）

尊敬的校领导：

您好！

非常感谢您参与本项研究。本问卷旨在研究目前中小学内部教师共同体的运行情况和管理情况，并提出有效建议。本问卷只作为科学研究之用，采取不记名的方式，并将绝对保密。请您认真阅读题项，并根据实际情况作答，答案没有对错之分。非常感谢您对本研究的大力支持！

教师共同体研究课题组

﹡提示

教师共同体是指在学校内部，由教师自发自愿组成的，或由学校领导推动的，旨在通过教师之间的合作与交流促进教师自身发展的一种教师组合形式。它可以以各种形式出现，如课题组、研究会、工作坊、工作室、学科论坛、博客交流、QQ 空间等。

一、基本信息

填写说明：请在最符合您的真实情况的选项上划"○"。除特别说明外，每一个题目只划一个选项。

1. 您的性别：A. 男　B. 女

2. 您的年龄（岁）：A. 20～29　B. 30～39　C. 40～49　D. 50～59

3. 您的职务：A. 校级领导　B. 中层管理人员

4. 您的最高学历：A. 中专　B. 大专　C. 本科　D. 硕士研究生　E. 博士研究生

5. 您所在学校为：A. 中学　B. 小学

二、校内教师共同体的运行情况及建设情况

填写说明：下面的题项是有关学校内教师共同体运行及建设情况的陈述，请您根据本单位教师共同体建设的实际情况回答，每道题有五个选项：A = 很同意，B = 比较同意，C = 说不清，D = 不太同意，E = 完全不同意。请您只选择一项，在选项上划"○"。

序 号	题 目	选 项				
1	我愿意成为一名优秀的领导	A	B	C	D	E
2	教师共同体是学校的一级行政组织	A	B	C	D	E
3	我经常领导教师共同体活动	A	B	C	D	E
4	教师共同体建设对学校发展很重要	A	B	C	D	E
5	学校的多数教师都参加教师共同体	A	B	C	D	E
6	我校有不同类型的教师共同体	A	B	C	D	E
7	教师共同体经常组织教学研究活动	A	B	C	D	E
8	教师共同体内部教师之间合作情况良好	A	B	C	D	E
9	参加教师共同体能够激发教师研究热情	A	B	C	D	E
10	参加教师共同体会增加教师的负担	A	B	C	D	E
11	教师共同体一般利用老师的休息时间进行活动	A	B	C	D	E
12	教师共同体有利于提高教学质量	A	B	C	D	E
13	教师共同体能够让我和教师们的关系融洽	A	B	C	D	E
14	学校原有规章制度适应教师共同体的建设	A	B	C	D	E
15	学校对教师共同体实行集中统一的管理	A	B	C	D	E
16	教师对学校规章的认同很重要	A	B	C	D	E
17	教师认同学校发展的目标	A	B	C	D	E
18	教师共同体内部规章是教师们共同协商的结果	A	B	C	D	E
19	学校制订了对共同体的活动要求	A	B	C	D	E
20	我经常听取教师共同体的汇报	A	B	C	D	E
21	对话是我在管理过程中常用的方式	A	B	C	D	E
22	学校为教师共同体提供活动场所	A	B	C	D	E
23	教师共同体经费由学校提供	A	B	C	D	E

序　号	题　目	选　项				
24	学校尊重教师共同体的活动要求	A	B	C	D	E
25	教师共同体应自主安排活动内容	A	B	C	D	E
26	学校尽力为教师共同体的活动提供时间保障	A	B	C	D	E
27	教师共同体负责人由学校领导或由学校行政部门任命	A	B	C	D	E
28	学校制订了针对教师共同体的管理制度	A	B	C	D	E

后　记

　　摆在大家面前的这本书是我在博士论文基础上修改而成的。这是读博期间研究的一个继续。教师专业发展，特别是教师的自主发展，一直是教师教育领域关注的一个重点问题，作为一种社会学概念的共同体的引进为教师专业发展提供了一个崭新的平台，但作为一种社会现象的共同体其实早就存在，并在教师之间生根发芽。面对这样一种共同体，学校采用什么样的方法能够促进它的健康发展是摆在学校管理者面前的一个重要问题。我首先系统研读了从滕尼斯到涂尔干再到鲍曼的共同体思想，发现了教师共同体的意义所在。也就在这时，我接触到治理理论研究的新成果，深刻地感受到治理与传统管理理念的不同，它为现代管理实践注入了新的思想力量，既富于时代特点，又极具实践意义。我很欣喜，并以此作为研究的理论框架，就教师共同体的概念、特点进行了逐一探讨，并结合实践调研提出了教师共同体的善治模型。

　　当该项研究论文即将付梓之际，已是北京的初秋。回想当年走进北师大校门的时刻，至今记忆犹新。走在北师大校园中，往来于研究生公寓、学院与食堂的路上，就像是追随着姐姐的脚步。在北师大学习生活的三年中，我得到了太多老师和同学的关心与帮助，心里充满感激。

　　首先，感谢我尊敬的导师孟繁华教授，是老师带我步入教育科学研究领域的大门，不断地鼓励我努力学习，认真研究。老师渊博的学识、严谨的治学态度、深厚的理论功底和宽容的待人方式一直都深深地感染着我。尽管老师工作繁忙，但只要学生有事，老师总是能够在第一时间给予帮助和解答。在论文的写作过程中，老师给予了我莫大的帮助，从成文到定稿，老师对我进行了多次耐心、详细的指导，每一次指导都使我深受启发。论文的每一次进步，都凝聚着老师的心血。老师的言传身教使我终生受益。感谢褚宏启教授、杜育红教授、张力教授、周作宇教授、程凤春教授、牛志奎老师、刘立老师等诸位老师这三年中给予我的指导和帮助。向在教育调研过程中给予我帮助的领导和老师表示感谢。

向我们团结的 2007 级攻读教育经济与管理专业博士学位的所有同学表示感谢，感谢李大姐、老大和曾师兄对我们这些师弟师妹的爱护；感谢我的室友王刚和钱诚，同屋的兄弟情谊我将永远珍视；感谢硕旺、魁元、若琼、夏雪、文艳对我一直以来的帮助。同窗三载的深厚情谊是我生活世界里宝贵的精神财富。此外，我还要感谢"孟门"大家庭的各位成员，感谢张爽师姐、于学友师兄、杨宏博老师，感谢王恒、李旭、尹垠、王楠、婷漪、张坤、李惠民、李晓帆、索珊、刘志丽、宫天然，感谢你们的帮助和支持。正是由于众多师长、同学和朋友的关心和支持，我的求学之路才充满了阳光。

毕业后，我到首都师范大学高等教育研究所工作，在从事教学与科研工作的同时，继续对教师共同体进行研究。该研究得到了导师孟繁华教授的大力支持和悉心指导，得到了张爽副教授的热情帮助，得到了中育教育发展研究中心的魏小能校长和成都市实验小学陆枋校长的鼎力支持，在这里向他们一并表示深深的感谢。

在此，我还要感谢我敬爱的父母，我的父母为了培养我付出了常人难以想象的心血，父母的爱之大，常使我心酸和愧疚。人说三十而立，我今年已三十有余，该是报答双亲的时候了。感谢姐姐，你是我前进的榜样。感谢姐夫一直以来对我的支持和对家里的帮助。感谢我的妻子闫洁女士，感谢你在生活上对我无微不至的照顾，感谢你对我坏脾气的忍让，特别是写论文期间我的"歇斯底里"……有你在我身旁，我就是最幸福的！

王天晓

2013 年 9 月

出 版 人　所广一
责任编辑　池春燕
版式设计　杨玲玲
责任校对　贾静芳
责任印制　曲凤玲

图书在版编目（CIP）数据

对善治的追求：教师共同体治理的系统分析／王天晓著. —北京：教育科学出版社，2013.10
ISBN 978 - 7 - 5041 - 7972 - 2

Ⅰ. ①对…　Ⅱ. ①王…　Ⅲ. ①中小学—教师—管理—研究　Ⅳ. ①G635.1

中国版本图书馆 CIP 数据核字（2013）第 233618 号

对善治的追求　教师共同体治理的系统分析
DUI SHANZHI DE ZHUIQIU　JIAOSHI GONGTONGTI ZHILI DE XITONG FENXI

出版发行	教育科学出版社			
社　　址	北京·朝阳区安慧北里安园甲9号	市场部电话	010 - 64989009
邮　　编	100101	编辑部电话	010 - 64989441
传　　真	010 - 64891796	网　　址	http://www.esph.com.cn
经　　销	各地新华书店		
制　　作	北京金奥都图文制作中心		
印　　刷	保定市中画美凯印刷有限公司	版　　次	2013 年 10 月第 1 版
开　　本	169 毫米×239 毫米　16 开	印　　次	2013 年 10 月第 1 次印刷
印　　张	12	印　　数	1—3000 册
字　　数	176 千	定　　价	28.00 元